学习图式：
走向建构的小学语文教与学

夏　静　俞霞芳　徐春燕　编著

苏州大学出版社
Soochow University Press

图书在版编目(CIP)数据

学习图式：走向建构的小学语文教与学 / 夏静，俞霞芳，徐春燕编著. -- 苏州 ：苏州大学出版社，2023.12

ISBN 978-7-5672-4632-4

Ⅰ. ①学… Ⅱ. ①夏… ②俞… ③徐… Ⅲ. ①小学语文课－教学研究 Ⅳ. ①G623.202

中国国家版本馆 CIP 数据核字(2023)第 252484 号

书　　名：学习图式：走向建构的小学语文教与学

编　　著：夏　静　俞霞芳　徐春燕
责任编辑：刘一霖
装帧设计：刘　俊

出版发行：苏州大学出版社(Soochow University Press)
社　　址：苏州市十梓街 1 号　邮编：215006
印　　刷：镇江文苑制版印刷有限责任公司
邮购热线：0512-67480030
销售热线：0512-67481020

开　　本：710 mm×1 000 mm　1/16　印张：14　字数：257 千
版　　次：2023 年 12 月第 1 版
印　　次：2023 年 12 月第 1 次印刷
书　　号：ISBN 978-7-5672-4632-4
定　　价：52.00 元

图书若有印装错误，本社负责调换
苏州大学出版社营销部　电话：0512-67481020
苏州大学出版社网址　http://www.sudapress.com
苏州大学出版社邮箱　sdcbs@suda.edu.cn

序 言

为理解而教是大家普遍认可的教学追求。理解的重要表征之一是知识的迁移应用。知识在真实情境中被激活，依赖知识高度组织化，形成认知图式。夏静老师和她的团队致力小学语文学习图式的建构，成功地探索出为理解而教的路径，带给我们诸多有益的启迪。

感性与理性统一。夏静老师是以研究小学语文体验教学“起家”的，她的体验教学研究获得了国家基础教育教学成果奖，可见其研究的扎实和成果的丰硕。她和她的团队对学习图式建构是基于体验的。观摩她们的语文教学，可以看到她们很重视创设真实情境，让学生沉浸其中。同时也很重视引导学生自身的语文实践，以积极的语文实践构成学生学习活动的主线，让学生亲历“在场式”学习。学生语文实践的一种重要方式就是触摸文本的肌理，在语文活动的过程中“入乎其内”，领略教材文本的美好。在这些感受、感知、感悟的基础上，她们引导学生走向建构，这就自然而然地生成了学习图式。其基本的做法是通过梳理与归纳等方法将感知到的东西分类和解构，将外在的东西纳入自己的内心，并通过分类、选择、整合，将新知识与原有知识融通，从而丰富、优化自己的知识结构。此后，她们又引导学生在真实情境中应用知识，在验证、检验中获得“反省性经验”，而这时的知识大抵已经内化为学习者所有，成为素养的一部分。

归纳与演绎统一。学习图式的建构是通过思维活动实现的。这种思维活动有人称之为概括模式，它由两种推理程式建构：其一是归纳推理，即由个别、特殊到一般的推理；其二是演绎推理，即由一般到个别、特殊的推理。在语文教学中，这两种推理方法的运用随处可见，比如词语概念这一思维细胞的获得，就是抽象概括的结果。对文章主题的把握、对语言规律和写作技巧的研究都用到归纳推理，而现在的大单元教学就很讲究归纳推理。而把学到的一般性、概括性知识推回到个别的具体的事物、现象那里，加深对规律的理解，这就是演绎推理。学习图式的建构应当是归纳与演绎共同作用的过程，以归纳为基础，从一个个具体的事物、现象中归纳出相同的东西，从而抽象概括出接近知识形态的东西，而后图式又在杜威所说的“源初经验”中得到应用和检验。这大致伴随着感性、理性的循环过程，而又侧重在理性。看看夏静老师团队的教学案例，时常看到她们对归纳和演绎思维方式的两面打磨。

共性与个性统一。无论是体验教学，还是学习图式建构的研究，夏静和她的团队都是以尊重、遵循教育教学基本规律和学习科学为前提的。从流程角度看，儿童学习一般都经历三个阶段：第一阶段是感性、直观、直觉，以体验为主；第二阶段是抽象、概括，以建构为主；第三阶段是知识的具体化应用，以确认、内化、创造为主。学习图式的建构自然是以这三个阶段为背景的。而这里的学习图式是关于语文的，建构图式应该符合语文学习的基本规律。语文学习的规律有三条和图式建构关系密切，应当格外重视。一条是学习图式建构的题中应有之义，即语感与语理的融通，语理基于语感又回到语感。另外两条是有把握难度的：其一，语文有其意蕴性、情调性知识。语文和其他人文科学的目的一样，是理解存在。这就需要学习者沉潜领悟，做澄明式理解。其二，语文是训练形象思维最重要的学科。形象思维的某些方式如直觉思维，有时是“羚羊挂角”。这些方面都引起了夏静团队的重视。她们认为图式不仅有“图”，而且要有“味”。她们和我讨论直觉思维训练方法时，列举到以下方法：速思法，尝试跳过逻辑分析阶段，不假思索地回答问题；预见法，用猜读、假设的方法理解课文；间歇法，主动调节，为直觉的闪亮提供时间和空间；勤录法，用笔记下稍纵即逝的有趣的想法。其中，有的就是一种学习图式。夏静团队对不同任务群、不同知识呈现方式、各有特点的学习图式建构花了许多功夫，如对内容图式、形式图式、语言图式建构的路径，六大任务群学习图式建构的主要特点，每个任务群知识呈现不同板块学习的图式特点，大单元视角下的学习图式建构，都提供了生动的案例和力所能及的概括。这里的实践、研究将共性与个性融通，具有广泛的迁移价值。

夏静老师研究学习图式建构的时间不算很长，但她带着一群人，把做研究当作一条教师专业成长的重要桥梁。她和同事们基于教学的真实情境，扎扎实实做，每前进一步都带来一节课的积极变化。她们一直把研究与读书和学习、与著书立说形成公共产品有机地结合起来，使实践、研究保持在较高水准。这些都让人看到她们的后步宽宏。让我们对其研究的前景充满期望。

杨九俊

2023 年 7 月于南京玄武湖

目录

第一章　小学语文学习图式的概念、内涵和价值 …………… 001

第一节　国内外关于图式研究的情况 ………………………………… 002
第二节　小学语文学习图式的概念与内涵 …………………………… 004
第三节　小学语文学习图式建构实践研究拟解决的问题 …………… 005
第四节　小学语文学习图式建构实践研究的目标、内容和意义 ……… 007

第二章　小学语文学习图式建构的路径、原则和策略 …… 011

第一节　小学语文学习图式建构的基本策略 ………………………… 012
第二节　小学语文学习图式建构的原则 ……………………………… 017
第三节　基于案例的小学语文学习图式建构策略实践教学建议 ……… 019

第三章　小学语文学习认知图式的主要类别 ……………………… 023

第一节　认知图式的由来和基本特征 ………………………………… 024
第二节　小学语文学习认知图式的类别 ……………………………… 026
第三节　引导认知图式建构的教学策略 ……………………………… 028

第四章　“语言文字积累与梳理”任务群 ………………………… 033

第一节　关于识字的学习图式 ………………………………………… 034
第二节　关于辨“词”的学习图式 ……………………………………… 047
第三节　关于造“句”的学习图式 ……………………………………… 056
第四节　关于理“篇”的学习图式 ……………………………………… 074

第五章　“实用性阅读与交流”任务群 …………………………… 085

第一节　记叙文——把握六要素的学习图式 ………………………… 086

第二节　说明文——聚焦方法的学习图式 …… 092
第三节　应用文——勾连生活的学习图式 …… 096

第六章　“文学阅读与创意表达”任务群 …… 099

第一节　一般文学 …… 100
第二节　民间文学 …… 109

第七章　“思辨性阅读与表达”任务群 …… 117

第一节　说理文——明析因果的学习图式 …… 118
第二节　寓言——领悟道理的学习图式 …… 124

第八章　“整本书阅读”任务群 …… 131

第一节　对整本书阅读的基本认识 …… 132
第二节　整本书阅读的实践模型 …… 137
第三节　整本书阅读的教学策略 …… 143
第四节　整本书阅读的教学举隅 …… 153

第九章　“跨学科学习”任务群 …… 171

第一节　对跨学科学习的认识 …… 172
第二节　跨学科学习的实践思路 …… 175
第三节　跨学科学习的实施策略 …… 178
第四节　跨学科学习的教学举隅 …… 184

第十章　“大单元教学”任务群 …… 191

第一节　对大单元教学的认识 …… 192
第二节　大单元教学的实践思路 …… 195
第三节　大单元教学的实施策略 …… 197
第四节　大单元教学举隅 …… 200

参考文献 …… 213

后记：冬寒亦是春暖时 …… 215

第 一 章

小学语文学习图式的概念、内涵和价值

图式概念最早见于哲学家康德的著作。瑞士心理学家皮亚杰认为图式是人们为了应付某一特定情境而产生的认知结构。英国心理学家巴特利特认为图式是先前反应或经验的一种积极组织，是由过去的经验组成的。20 世纪 70 年代美国人工智能专家鲁美哈特把图式概念发展成图式理论，用以解释研究、阅读和理解等的心理过程。

第一节 国内外关于图式研究的情况

目前国际上关于认知图式理论研究比较权威的有荷兰的杰伦·范梅里恩伯尔教授。他提出，所有类型的学习最终都导向长时记忆中的认知图式，即对信息或动作的类别及彼此之间的关系加以区分，形成一定的思维或行为模式。人通过建构认知图式与熟练认知图式，以及自我调节学习和自导学习对学习过程进行调节。其认知架构包括归纳学习和精细加工这一建构或重构认知图式的基本学习过程，以及知识编辑和强化这一熟练认知图式的基本学习过程。综合学习中同时发生前述基本学习过程。四元教学设计是面向综合学习的一种教学设计方式，强调要合理安排教育媒体与技术。

目前，国内教育界对认知图式理论和实践的研究主要集中在中学和早期教育，已取得一定成果。

周璐在《认知图式在中学思想政治教学中的运用》中提出，认知心理学中的认知图式理论认为，认知图式影响人们对信息的选择、加工、提取以及对记忆的重构。受教育者能否接受思想政治教育的内容受其原有认知图式的影响，其对传授的信息会有一个同化、顺应和平衡的过程，而受教育者原有图式的局限性会影响这种平衡。这就需要教师帮助学生构建、优化其认知图式，促使学生形成符合社会发展要求的思想品德。基于认知图式理论开展思想政治教育实际上是受教育者的认知图式在新刺激的作用下不断动态交替平衡的知识构建过程。

张莹在《图式理论下的高中生物学概念教学策略研究》中提出了图式理论下的生物学概念教学策略，包括整体建构策略、样例学习策略和图式标识策略。实验结果表明，图式理论下的生物学概念教学策略可以有效促进学生的概念习得和形成，增强生物学概念教学的有效性。

赵炎朋在《基于认知图式理论的早期阅读教育》中提出，幼儿的认知图式是幼儿在各种情景中表现出来的行为和思维模式，它具有可变性、互动性、渐进性等特征。

当下的小学语文教学，多少存在着随意化、碎片化的情况，使学生的语文学习呈现出浅层次、低效度的状况。进行小学语文学习图式建构的实践研究，不仅能够丰富图式理论的内涵，还能促进当下小学语文教学的改进，使教师与学生在语文教学中强化文体、语篇、结构等方面的意识，不断完善小学语文学习图式，促进学生建立语文学习的完整概念，进行整体认知，提升语文素养。

图式的深入应用，一方面可以引导、推动教师更加有力、有效地把控课堂，充分了解每名学生的学习动态，及时调整教学设计，提高课堂综合效率；另一方面，可充分赋予学生更多自主权，使学生能根据自己的爱好或不足有选择性地开展阅读练习，有针对性地补短板。自由开放的学习模式更有利于激发学生的学习兴趣和热情，从而达到事半功倍的效果。

第二节　小学语文学习图式的概念与内涵

图式是先前反应或经验的一种积极组织，是由过去的经验形成的，是用来描述人们的表征、组织和解释经验的模式或心理结构的术语，是以等级层次形式储存在人们长期记忆中的一个相互作用的知识结构，即积累在一起的知识的单元，是认知的建筑板块，是人的记忆对相关知识进行组合归类的汇总。

小学语文学习图式是学生学习语文的预期框架，是学生在学习语文的过程中，通过自身与环境（文本、语言）不断的相互作用，使原有的认知结构不断与新的言语信息合并，从而在过去的学习、生活和经验的基础上形成图式，然后建立并储存的关于语文学习的新的认知结构，即新的学习图式，具有清晰性、稳定性和渐变性的特征。

小学语文学习图式建构的实践研究旨在结合小学生的年龄特点和认知规律，基于语文课程工具性与人文性统一的基本特点及其综合性、实践性的特质，着力于通过课堂教学实践，努力从文、段、句三个方面建构小学生语文学习的三种基本图式，并在此过程中探寻优化学生认知图式的教学策略，促进小学语文课堂教学变革。

第三节　小学语文学习图式建构实践研究拟解决的问题

义务教育课程标准（2022 年版）的公布正式拉开了新一轮课程改革的序幕，也标志着中国教育走进核心素养时代。然而，当下小学语文教学仍存在以教师为中心，课堂教学随意、碎片化等现象，因此也导致了学生学习主动性缺失、学习积极性缺乏、学习停留在浅层次、学习效能较低等情况。

问题一：学习缺乏主动性。

研究表明，学习具有内隐性，学生在学习过程中积极主动的状态有助于学习活动的展开、持续与深入，有利于推进学习的进程。然而，学生的学习主动性常常会因为教师只关注“教”、忽略“学”而消耗，学习兴趣也会因为教学的随意化而丧失。学习主动性和学习兴趣是学生学习的必要基础。在儿童认知发展心理学领域，儿童的主动性得以发挥是实施新教育方法的重要标志，而这种新教育方法就是以建构和优化认知图式为目标的。因此，进行学习图式建构的教学探索是使学生保有学习主动性和积极性的教学需要。

问题二：学习缺乏完整性。

在日常的课堂教学调研中可以发现，语文课堂教学全过程充满着教师的问与学生的答。曾有专业教学研究人员指出，一节课内，教师的提问中，碎片化的提问、重复式的提问、与主要学习内容无关的提问占比很大。零碎的提问是教师对“启发式教学”的误解，也是教师对课堂教学的曲解。这样的教学不是偶然，其本质仍是一种知识的喂哺，并不能使学生形成知识体系，自然导致学习的不完整。而基于学习图式建构的语文教学重视在完整的情境中让学生以体验的方式经历学习的全过程，讲究把碎的揉成整的，把散的串成连的，有利于保证学习内容的完整性，也能保证学生学习的完整性。

问题三：学习缺乏建构性。

学习是对世界的认知，也是对未知的探索。学习不是对已有经验的复刻，而是根据自己的经验对学习内容进行理解、分析、梳理、概括、评价与创造。然而在很多课堂学习中，学生的学习往往被教师的教和一部分学生的学代替，学生的学习过程缺乏足够挑战，因此也没有高阶思维的培养和发展。停留在表层或浅层的学习，缺乏通过学习形成的二次建构，学习的效度很难体现。因此，进行指向学习图式建构的语文教学探索，以结构化的知识推动师生在教与学的过程中实现深层学习，促进知识的结构化转换和提升，将有利于学生在生活和学习的复杂情境中解决实际问题，促进学生有力量地成长。

可见，进行小学语文学习图式建构的实践研究，不仅能够丰富图式理论的内涵，促进当下小学语文教学的改进，使教师与学生在语文教与学的过程中建构和完善语文学习图式，也能激发学生学习的主动性和积极性，帮助学生建立语文学习的完整概念，从而发展和提升核心素养。

第四节　小学语文学习图式建构实践研究的目标、内容和意义

图式本质上就是一个人通过不断学习积累起来的结构。每个人都在不知不觉中调用已有的知识和经验去认识客观世界。人和人因为各自积累的知识和经验不同，也会产生很多偏差。我们希望通过小学语文学习图式建构的实践研究，推动小学语文学习和图式理论的深度融合，为解决实际教学问题提供一些思路和方案。

一、小学语文学习图式建构实践研究的目标

根据目前国内外关于学习图式研究的侧重点和成果，基于学校语文教学改进和学生核心素养发展的目标，结合前期相关研究成果，确定小学语文学习图式建构实践研究的目标如下：

（1）通过课堂教学实践，探索并建构、丰富、优化小学语文学习的基本图式，提升小学生语文素养。

（2）结合小学生的年龄特点和认知规律，通过课堂教学实践，探寻小学生语文学习图式在特定的情境中的建构策略。

（3）基于前期体验教学的研究，形成从体验走向建构，感性和理性相互作用的语文学习通路。

二、小学语文学习图式建构实践研究的内容

根据实践研究的目标，小学语文学习图式建构实践研究的主要内容包含以下四个方面：

（1）进行关于认知图式（图式理论）等文献检索和理论研究，进一步明析小学语文学习图式的概念和意义，丰富学习科学的相关内容。

（2）通过理论研究与课堂教学实践的结合与互动，尝试建构文、段、句三种小学语文学习的基本图式。① 文，作为语文成品的一个具体样式，包括文学类、实用类、思辨类等，重点关注文体的结构，强化文体意识。② 段，由句子组成，每一段都有内在的结构，如总分、对比、从一般到重点、详略等，重点关注段中句子的构成方式和逻辑联系。③ 句，是文本构成的基础单位，关注句子（一个句子以及一组句子）的表达方式及表达效果。

（3）优化课堂教学，进行建构小学语文学习图式教学策略的实践与探索，不断充实和完善学习图式。① 增强文体意识，关注文章的结构化，包括非连续性文本等。② 关注作者的心智模式，重视文本的逻辑联系，通过思维导图、板书等让学习可视化。③ 重视新的知识与已有知识的关联、激活和合并，丰富和优化学习图式。④ 关注积累与梳理。

（4）在体验教学研究的基础上，进一步探寻体验与建构之间的关系，形成建构的有效路径。

三、小学语文学习图式建构实践研究的观点

就研究本身而言，指向教学由关注教转向关注学，通过教学帮助学生从浅层学习走向深层学习。对于学习科学的丰富和学生学习主体性的凸显、学习意味的显现而言，实践研究可形成如下观点：

（1）小学生在语文学习过程中，根据知识形成的一般规律和学习规律，都会形成关于语文学习的相对稳定的基本的图式。

（2）小学语文教学实践必须强化文体意识和知识结构化意识，才能促进学生形成全面、完整的认知。

（3）对小学生语文学习图式的探索将进一步厘清文、段、句的层次、意蕴和教学价值，必将促进学生的语文学习。

（4）语文学习是一个体验与建构良性互动的过程。在建构学习图式的过程中，必须要重视积累和梳理，才能形成知识结构即学习图式。

四、小学语文学习图式建构实践研究的创新

通过小学语文学习图式实践研究，在教与学的互动中可能实现一些创新：

（1）能够丰富认知理论，从文、段、句三个层次建构学生语文学习图式。

（2）以体验教学研究为基础，在尝试建构小学生语文学习图式的同时，寻求优化学生学习结构的教学策略，形成体验与建构的良性互动，推动语文学习不断通过感性与理性的相互融通和激荡提升学生的语文素养。

五、小学语文学习图式建构实践研究的意义

以上述目标、内容、观点、创新为基础，小学语文学习图式建构实践研究意义如下：

（1）体现了认知发展的规律。从皮亚杰提出的儿童认知发展理论来看，

学生的学习是有其内在心理发展规律的。同时，由于学生在不同的生理发展阶段有不同的心理发展特点，也有不同的认知特性，学界形成了关于认知的关键期与关键发展要素的认识。小学语文学习图式建构实践研究，一方面根据儿童认知发展理论的几个发展关键期，遵循儿童认知发展规律，优化教学设计；另一方面通过教学推动学生生理与心智的同步发展，在积极引导学生自主体验、自主实践、自主探索的过程中建构和优化语文学习图式。这种基于儿童身心发展规律的实践探索，是基于人的发展特点的探索，体现了规律意识，具有尊重自然本性的意义。

（2）关照了学习培育的完整性。教育培养人，是为了促进人的发展。教育自有其规律。教育的规律与人的发展相适应。人是身心完整、和谐的生物体。人的发展是身心和谐、协同成长的过程。进行小学语文学习图式建构实践研究，也是为了进一步依托语文这一门综合性、实践性强的课程，在教学互动中达成教学工具性和人文性的统一，促进学生核心素养的发展。人是完整的，核心素养是完整的，教与学的发展探究也应该是完整的。这样的探究彰显了人的培育的完整性，体现了课程育人的本质。

（3）契合了课程改革的理念。新课程改革以新课程为载体。语文课程是新课程方案中最受关注的课程之一。小学语文学习图式建构实践研究是基于语文课程高品质建设的探索。它以课程改革的基本理念为引领，以学生核心素养培育为追求，遵循学生学习和身心发展规律，以课程实践的方式促进深度学习。在具体的实践中，它以增强情境性和实践性为根本方式，突出学习任务的挑战性和召唤性，在认知的探求过程中，凸显语文课程育人的根基性。

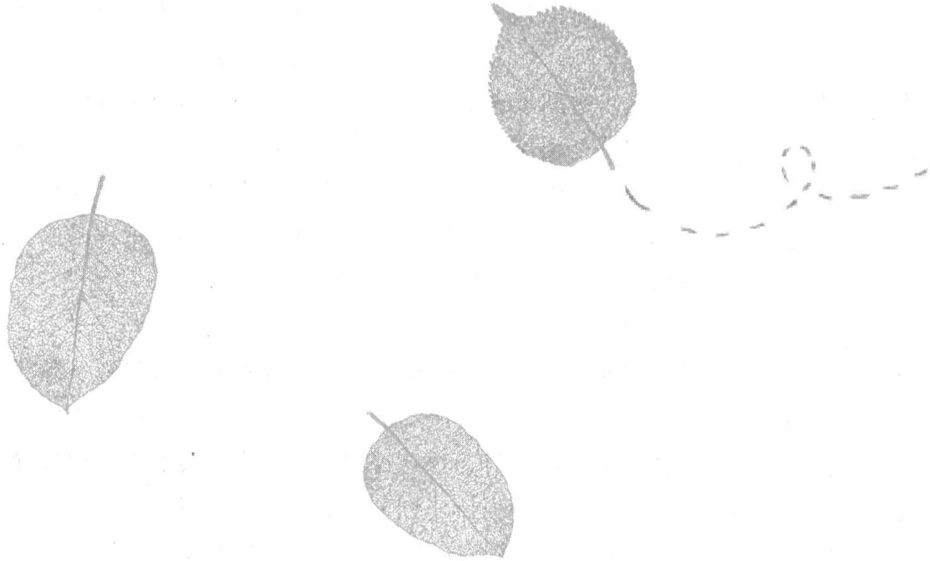

第二章

小学语文学习图式建构的路径、原则和策略

小学是学习图式形成与发展的关键期。学生如何在情境体验中形成认知图式，小学语文教学通过怎样的实践路径或教学策略才能较好地帮助学生建构和改善学习图式，这些是本章探讨的重点。

第一节 小学语文学习图式建构的基本策略

近年来，关于学习的讨论日渐深入，如何使学习真正发生，如何实现深度学习，成为教学者和研究者深度思考并积极实践的主题。已有的相关研究与讨论，其实质是探求如何使学习从感性体验走向理性建构，进行学习图式的建构与完善，进而实现有意义的学习。

建构主义强调学习的主动建构性、社会互动性和情境性。从体验学习走向建构学习，可以从营造教学环境、激发学习主动性、重视已有学习经验、明确体验任务的指向、启动挑战性任务、设计学习支架、构建学习共同体、给予充分自主实践时间等多方面来进行。重点可以通过学习环境创建、挑战性任务设置、学习关键事件关注以及这三方面的统合融通，激发学生探究的兴趣和激情，促进学生思维的发展，使他们保持持久的学习力，成为学习的创造者。

一、尊重与信任：创建安心的学习环境

创建安心的学习环境，能使学生的兴趣和好奇心得到保护和重视，使学生的尝试和探索得到肯定和激励，有利于学生保持学习的热情和激情。

（一）创建安心的学习环境，首先得充分尊重学生

平等的师生关系有利于削弱教师作为知识权威给学生带来的威严感和压迫感，有助于学生在教学对话中消除紧张和焦虑的情绪。尊重源于爱，是教师从心底里爱护和关心每一个孩子。儿童教育家、情境教育创始人李吉林老师在孩子面前总是亲和自然、沉稳愉悦，和孩子交流永远耐心专注、诚恳真挚。李老师以“长大的儿童”的身份成为学生的“参照镜像”，使孩子愿意亲近她，跟随她的引领，在真实的情境中主动参与，积极探索，形成学习的“串联”——教师与学生串联，教材与学生串联，一个学生与其他学生串联，课堂里学习的知识与社会上的事件串联，学生的现在与未来串联。“串联”即学习系统化的建构，安全、舒心的学习环境成就了学习的高品质建构。

（二）创建安心的学习环境，还在于信任学生

信任来自自信。长期以来，很多教师陷在如何提高课堂教学效率的焦虑中不能自拔，常常为教学不能关注到所有学生而烦恼，也常常为教学内容的取舍而为难，还会因为无法在课堂教学中完成既定任务导致赶不上教学进度

而焦躁。教师的不自信导致了其对学生的不信任。教学时，教师常常不敢等待和放手，甚至把学生的沉默解读为不够主动、不够积极、不够投入，把学习中的喧闹解读为捣乱、开小差、不认真。

信任是信他，更是赋权。提高课堂教学效率的核心应是提升课堂教学品质，使每个学生享有高品质学习的权利。静能生慧。真正的学习是安静的，因为思维是安静的。学生获得充足的时间，才有可能根据自己的学习特点，把课文读完全，细细思索和品味文句的内涵和意味；也才有可能更加周全、深刻地思考，解决有挑战性的任务。教师信任学生，给学生充足的时间和空间，才有可能让学生的“不懂”“不理解”“夹生”浮出水面，也才能从课堂沉默或喧闹的模态中看见思维的建构与韵律。

二、引发与协同：设置开放的挑战性任务

基于人能够认识外部世界的命题，维特根斯坦、海德格尔、胡塞尔等哲学家意识到：人对现实的认识并不是一种镜面反射，而是一种建构，受到认识主体自身因素（如种族、性别、经历）的影响。可见，建构不是认识的复刻，而是经验与知识通过挑战性任务，带动思维持续攀升，从而形成的关联与转化。皮亚杰认为，教师需要不断组织、指导学生的活动，放手让学生去动手动脑探索外物，使之产生丰富的逻辑思维，通过反思、抽象，逐步形成、发展自己的认知结构；教师还需要提供一定难度水平的学习任务，制造认知矛盾，促进学生的同化和顺应过程。根据最近发展区理论，这种教师制造的“一定难度水平”的“认知矛盾”可以表述为基于学生认知的前经验，需要在他人的协助下才能完成的挑战性任务。要想在学习活动中制造挑战性任务，了解并分析学生的学习经验、思维特点和发展水平必不可少，准确把握任务引发的时机十分关键。

如《草船借箭》一文的教学。教师先带领学生了解诸葛亮草船借箭的起因和结果，并请学生交流由此产生的疑问。通过梳理，学生的问题聚焦在诸葛亮是怎样在那么短的时间内，不费一毫一厘，不伤一兵一卒，完成了借十万支箭这个不可能完成的任务的。根据学生的学习状态和探究兴趣，教师顺势引发挑战性任务：“是呀，诸葛亮太神了！请同学们认真阅读课文中描述故事经过的内容，圈画出让你感受到诸葛亮‘神’的词句仔细体会。读后进行交流互动。”通过学生的交流，教师发现大部分学生能从诸葛亮的表现中发现他“知天文”，但只有个别学生能根据课文中诸葛亮和曹操的对话感受到诸葛亮对曹操是了解的。究其原因，是大部分学生对曹操、鲁肃这两个关

键人物没有认知，导致悟读出现了困难。于是，教师以链接阅读的方式，请学生读曹操、鲁肃和周瑜的故事，再引导学生联系课文内容感受诸葛亮“识人心”。诸葛亮的“神”还表现在其计划的周密、完美，但教师很快发现学生并不能从地理学的角度来认知这一点。于是，教师以简笔画展示出江流、风向等地理情况，让学生领悟到诸葛亮之“神”还在于他“晓地理”。继而引导学生自主进行整体回顾，将这三方面的“神”联结，又引入《空城计》的阅读，使学生对诸葛亮的“神机妙算”有了更深刻的认识。如此，以挑战性任务带动学生学习，在具体的文本情境中，通过师生协同互动，促进学生通过认知体验活动，主动建构起阅读此类文本的认知图谱。

三、观察与改进：关注学习的关键事件

学习不是从外界吸收知识的过程，而是学习者建构知识的过程。因此，教学并不是把知识经验装到学生的头脑中，而是要引导学生从原有的经验出发，建构起新的经验。从经验（体验）中建构的学习规律呈现了知识建构的动态性。学生不是空着脑袋走进教室的，学生的经验世界既丰富又有差异。如果说，具有“建构”特质的学习是一种通过高水平思维活动，在解决问题的过程中解释现象、形成假设、进行反思和检验的具有生长意味的活动，那么，教学中，教师就要善于从多维、多元的学习活动中淘拣并观察触发学习建构的关键事件，从而及时进行有针对性的教学干预或支持，促进学生的学习建构。

如江苏省语文特级教师薛法根老师在《少年闰土》的教学中有这样一个教学片段：

薛老师：请你们默读小说，思考鲁迅和少年闰土原来是什么关系？相处了一段时间以后，两人又是什么关系？

（学生读完，薛老师请一位学生回答）

生：他们是朋友关系。

薛老师：为什么呢？

（学生沉默）

薛老师：读书一定要细致，一开始，我建议按顺序来读。请你看课文第2自然段，闰土父亲的身份是——

生：忙月。

薛老师：鲁迅家是大户人家，家里有长工，有短工，也有忙月。

薛老师：鲁迅的身份是什么？

生：少爷。

薛老师：鲁迅是少爷，闰土是忙月的儿子，两个人身份不同，是什么关系？

生：是主仆关系。（学生对闰土和鲁迅关系的认识更加清晰了。这种明朗基于学生对身份的推理）

薛老师：接下来他们是什么关系了？

生：是朋友关系。

薛老师：请你找到依据。

（于是这个孩子列举了课文中“不到半日，我们便熟识了”，还有要分别的时候“我急得大哭，他也躲到厨房里，哭着不肯出门”等“证据”）

从学生一开始不知所措地沉默，到学生能根据文本语言假设和推论出人物的关系，这个教学片段构成了学习的关键事件。从观察中我们可以发现，一开始学生的沉默不是因为无效学习，而是因为默读的细致程度不够以及对问题的理解不够造成的体验与认知的冲突。对于学生的“难处”，薛老师采用“带领”的方式给予学生支持，然后又通过“放手”促进学生的学习建构。我们相信，这一定不是写在教案上的内容，而是根据具体的事件进行的具体化处理。

可见，学习的关键事件能够使教师或者观察者与学生进行内心世界的持续对话。教师只要保持着对学生学习的关切，就能发现学生学习过程中不断涌现出来的关键事件。每个关键事件都是对学生学习特征的一种阐释和表征。因此，学习的关键事件具有发现与分析以及挖掘教育内涵的意义。同时，从学习关键事件形成的“证据链”中，教师能够发现学习建构的密码，从而改进教学，促进学生的学习建构。

四、融通与交互：统合建构的基本要素

学习是一个多边互动，各种资源和要素立体交互、相互融通和统合促进的过程。安心的学习环境、挑战性学习任务和学习的关键事件构成了学习从体验走向建构的关键要素。但这三者并不是孤立存在的，而是通过相互支撑、彼此交叉与融合，共同构筑起学习建构的通路。语文来源于生活，语文学习本就应当是生命的对话。生活的多元和丰富、生命的多维和丰盈决定了语文学习的多领域融通与多层次交互。因此，教师要充分认识上述三者之间的逻

辑关系和内在联系，并在教学中整体考虑，引领学生走向学习建构。

首先，教师要让安心的学习环境覆盖学习全过程。学习情境或学习环境的创设应避免“撩拨”式的兴趣激发，应是“覆盖”性的整体营建。教师在教学中要综合文本、文学、文化等语文要素，关照人文、人情、人性等综合需要，多一点启发，多一点亲和力，多一点幽默感，让学生身在其中且始终有安全感、有亢奋点、有探究的欲望、有表达的需要、有分享的冲动、有愉悦的感受，使学生面对学习时，不急躁、不焦虑、能思考、乐探究、善合作。同时，教师也要认识到，安心的学习环境是建立在师生相互尊重和彼此信任的基础上，在师生深入交流与互动的过程中生发、生长起来的教学场。

其次，教师要把控好挑战性任务投放的时机、难度、层次和节奏。挑战性任务既是学习任务，也是学习资源，还是学习环境的组成部分。从某种意义上来说，挑战性任务的设计和投放对学习环境有一定的影响。挑战性任务的适切投放，不仅能够激活学生的思维，使学生将具体的体验通过反思观察、抽象概括等高阶思维变成知识的建构，还能激发学生的学习兴趣和挑战欲望，使学生处在较为亢奋的学习情绪中。挑战性任务贯穿于教学环境之中，影响着每一个具体的学生，带给学生不同的思维体验和情绪体验。挑战性任务准确、适时投放有助于良好学习环境的建设。

再次，教师要重视对学习关键事件的分析。关键事件是通过分析、解释才形成的。学习的关键事件里藏着学生的学习密码。分析学习的关键事件，能够发现学生学习时由体验走向建构的触发点，能够对学生的学习状态和学习需求进行有效识别，能够对学习环境的营造和挑战性任务的设计和投放进行诊断和反思。借此，教师可以优化学习环境的建设和挑战性任务的设计与投放，不断改进教学，促进学生的学习建构。

综上所述，从体验走向建构的学习是身心统一的学习，是需要理智与体验共同在场和参与的学习。教学中，教师如能关注学习环境、挑战性任务、学习关键事件三个要素并使之整合与融通，以参与者的学习观引领学生从体验走向建构，将使师生有更多机会触及学科本质，形成学科图式体系，甚至有可能获得打破已有学科认知格局的机会。这是学习的意义，也是探求从体验走向建构的必然追求。

第二节　小学语文学习图式建构的原则

语文学习图式有其专业的分类标准，小学语文学习图式的建构也有其原则可依，分别是学科性原则、匹配性原则、发展性原则和差异性原则。

一、学科性原则

小学语文学习图式建构指向小学语文课程，是基于小学语文学科知识结构，结合学生的认知发展水平，通过语文教学活动建构起来的知识图谱。因此，学科性是小学语文学习图式建构的本体要求，是体现小学语文学科本体特征的必然要求。凸显学科性原则的小学语文学习图式同样要突出语文学科工具性和人文性统一的特征，体现情境性、综合性和实践性课程理念，同时也要体现和表达出语文课程经典的学习方式。因此，小学语文学习图式建构始终要围绕语文课程的学科性来进行。

二、匹配性原则

就语文知识而言，内容纷繁，外在的语言和内在的语法知识丰富广博。在小学阶段，帮助学生建立关于语文学习的认知图式要遵循匹配性原则。小学语文学习图式建构一方面要与小学阶段学习的年龄特征和发展规律相匹配，另一方面要与小学阶段语文学习的目标和质量水平要求相匹配。除此之外，还要与小学语文教科书内容板块的设置和事实性知识呈现的方式相匹配。与学生、教材、知识匹配的小学语文学习图式才是适切的，才是对学生学习有帮助的。

三、发展性原则

认知图式通过同化与顺化的方式达到平衡，这是一个在学习过程中周而复始、螺旋上升的过程，也是不断优化或修整的过程。从这个意义上看，学习图式本来就是不断发展和演化的。因此，发展性也是学习图式与生俱来的特性。遵循发展性原则，有利于教师在教学过程中更好地创设有助于激发学生实践积极性的大情境和大任务，支持学生自主探索和彼此合作，不断经历挑战，不断形成新的认知，在学习中不断形成类概念，在迁移性学习中完善学习图式。

四、差异性原则

学习图式的建构以个人的身体、心理发展为基础，与个人的学习经验、学习方式、学习领悟和学习创造相联系。因此，即使是在同一个班级，面对同一位教师，有同样的学习伙伴，运用同样的学习方式，经历同样的教学流程，学生所建构起的学习图式也是各不相同。教师在教学过程中要遵循学习图式建构的差异性原则，关注学生学习的差异性，尊重学生发展的差异性，同时也要意识到，依据教学实践所建构的学习图式模型只能是基于教学在一般意义上的建构，从而在教学中尽量做到关心、帮助、促进每一个学生的发展。

第三节 基于案例的小学语文学习图式建构策略实践教学建议

以学习图式建构为目标的课堂教学，需要以“结构化”的方式进行。基于学习图式建构的教学策略，以小学语文统编版教材六年级上册《只有一个地球》的教学为例，或可见一斑。

《只有一个地球》是一篇说理文。说理文也叫议论文，是一种以议论为主要表达方式，剖析事物、论述事理、发表意见、提出主张的文体。一般来说，说理文都以摆事实、讲道理等方法来确立观点，行文须观点明确、论据充分、语言精练、论证合理，有严密的逻辑性。《只有一个地球》以分论—立论的顺序，先依次摆出三个论据进行论证，进而表达出“我们要精心地保护地球，保护地球的生态环境”的观点，是一篇具有严密逻辑性和较强思辨性的议论性科学小品文。更为巧妙的是，全文以一个关联词“但是”的四次反复勾连论据，铺陈论证，层层推导出观点，融结构、逻辑、思辨、情感、知识于一体，既有科学小品文的准确生动，又有说理文的严谨简明，可谓匠心独运。因此，指向图式建构的教学可以“但是”为支点。教学建议如下。

一、“但是”是课文结构的支点

纵览全文，结构清晰。第一至第七自然段是全文的论证部分，第八至九自然段是立论部分。论证部分的最大特点是作者通过四个“……但是……”的句式，强调了以下几个方面：地球是渺小的，不会再长大；地球的资源有限，滥用、毁坏资源将使人类面临生存危机；如果地球不能居住，人类也无法移居他处。四个“但是”支起三个论据。从层次来看，层层深入；从内容来看，层层追索；从知识来看，层层叠加；从情感来看，层层累蓄；从推演来看，层层递进。严谨的结构，严密的逻辑，有力的论述，层层紧压，使读者顿生危机感与紧迫感。这样不仅在结构上对应了课题，使“只有一个地球”的意思在内容上得到了反复强调，也使“保护地球”成为每一个读者内心的呼唤。据此，文章在立论部分进行总结，提出观点就水到渠成、自然而然。可见，“但是”既是作者行文论证的结构支点，也是文章统合论点、论据、论证的结构支点。

因此，教学时教师可先从整体入手，紧紧抓住“但是”这个结构支点，有意识地帮助学生梳理课文结构。可以先根据全文内容，进行条块型梳理，区分论证与立论两个部分。然后引导学生以默读浏览或自由读等方式阅读并发现“但是”句式在论证部分反复使用的情况。再引导学生阅读以“……但是……”为基础支撑陈述的相关论据，进行逻辑型梳理。梳理时，重点引导学生通过阅读初步感知三个论据的主要内容以及彼此之间形成的证据链关系，进而再着眼于全文，进行系统型梳理。可以引导学生先围绕“但是”勾连的内容进行阅读，感悟其与课题的内在联系，再阅读文章的总结、立论部分，体味其中的关联，使学生对课文能够建立起整体的认识。

二、“但是”是教学脉络的支点

我们平时所讲的阅读实质上是阅读理解。阅读是一种体式思维。如何阅读，从方法的角度来说，是和阅读对象——文章体式相关的。《只有一个地球》是一篇议论文。议论文的阅读要点在论据部分。品析课文是如何一步步推导出观点的，是本文的教学重点。很显然，本文的论据部分是以“但是”为支点来联结表达的，集逻辑与思辨于一体，因此，在进行学习活动设计的时候，我们很自然地以“但是”为教学脉络的支点，进行教学的层次建构。

根据心理学的研究，阅读理解的过程由低到高可以分成三个层次：第一层，“解码”，即建立语词符号与语义的链接；第二层，“解释”，即通过“表层编码”建立篇章格局，建构情境模型；第三层，“解悟”，即结合社会生活经验，形成深刻的、自己的理解。以达成高层次的阅读理解为教学设计理念，我们将学习活动分三个板块顺序展开。

第一个板块：谈话交流，了解文体、结构。教师主要通过师生对话，回顾说理文的三要素，并据此使学生了解课文大致结构。然后引导学生关注论证部分，发现这部分内容以“……但是……”句式为结构支柱的表达特色，引发学生的阅读兴趣。

第二个板块：自主品析，明析说理过程。教师重点围绕四个“但是”支撑的内容，通过抓住关键词品读、解析、思辨，引导学生体会作者步步推进、层层深入的论证策略。教学围绕“但是”，紧扣由“但是”勾连的内容，以学习单（表 2-1）来引领和推动学习活动。其操作要点主要有三个。一是抓住具体关键的语词品出“……但是……”的思辨意味。如品析第一至第二自然段时，就需扣住“壮观”和“渺小”，结合课文第二自然段中的“地球是一个半径约为 6 400 千米的星球”，通过“同茫茫宇宙相比，地球是渺小的”这个比较，再联系“它只有这么大，不会再长大”这一补充式的强调进行思考、辨别，才能真正形成对于地球“渺小”的认知。这是一个以辩证思考抓住主要矛盾，然后揭示问题的过程。二是围绕“但是”，以理性思辨引发感性体验，激发学生要精心地保护地球的欲望。三是发现各部分在结构上存在的关联意义及论据间的逻辑关联。把三个论据统筹起来看，发现三者之间前后连贯、层层深入、递进建构的逻辑顺序，把握其思想脉络。

表 2-1 《只有一个地球》课堂学习单

顺序	相关段落写了什么	围绕“但是”写了哪两方面内容（关键语词）	你的感受（概括表达）
第一处“但是”			
第二处“但是”			
第三处“但是”			
第四处“但是”			

第三个板块：迁移感受，自由实践表达。教师引导学生围绕“……但是……”句式，感受作者简练明确、富有逻辑的语言表达，继而指导学生发现课文中使用的关联词，通过阅读感受本文语言表达的特点，并鼓励学生根据板书，运用“……但是……”以及其他关联词来表达自己的学习感受和收获。同时，以“但是”为教学脉络的支点，在设计板书时，以提取关键词的方式尽可能呈现出本文的逻辑结构、思辨意味、作者的心理变化以及认知、情感发展线索。（图 2-1）

	只有一个地球		说理
壮观		渺小	
资源	但是	枯竭	论证
（慷慨）		（威胁）	（论据）
移居		遥远	
	保护地球		论点

图 2-1 《只有一个地球》教学板书

三、“但是”是思维发展的支点

从“……但是……”句式本身来看，“但是”表示转折，这种结构的表达凸显了思辨性，彰显了议论文的论证特质。从“但是”连接的语词、句段来看，凝练、概括的语言充满张力，涵盖着丰富的科学知识、社会常识和生活经验，具有丰富性和深刻性。从“……但是……”的叠加表达来看，其构成了本文论据之间的逻辑联系，使论据紧扣主题，层层递进，也使观点的表达顺理成章，表现出作者行文的思想脉络和论证的逻辑线索。可见，“但是”是本文逻辑的生发点，也是思维发展的支点。杜威说，教学就是教思维。因此，教学中，教师应该充分用好文本，以“但是”为支点，设计并指导学生通过挑战性的学习活动，进行指向思维发展的学习。

思辨是本文的最大特色。在这篇课文的教学中，教师要紧扣“但是”，带领学生学习思辨，以一种辩证的思维来体味和领会隐藏在课文中的理性光芒。如教授课文第五至七自然段时，教师可以先把“在地球资源枯竭的时候，我们不能移居到别的星球上去吗?”这个问题抛出，引发学生思考。然后请大家阅读“但是”前后的内容并联系相关知识进行讨论。在讨论的时候，学生会主要围绕能否移居到别的星球和能否在火星和月球上建造移民基地这两个话题进行讨论。在学生讨论的过程中，教师须适时补充一些关于航空航天的知识，如一光年的知识等，还可以启发学生回顾已经学过的课文《宇宙生命之谜》《火星——地球的“孪生兄弟”》等，引入关于火星、月球的知识，给学生以思考、判断、推测的支架，从而让学生理解和感悟“即使这些设想能实现，也是遥远的事情”。当然，在对其他三处与“但是”相关的内容的学习中，教师都要根据具体的内容，遵循由扶到放的教学原则，给予学生自主思辨的时间和空间，指导学生在沉吟中体悟思辨，发展形象思维、逻辑思维、辩证思维、批判性思维、发散性思维等，促进学生思维的发展与提升。需要注意的是，让学生围绕四处“但是”进行思辨后，还需适时引导学生“回头看”，启发学生反思学习历程，在“整体”的背景下把握关系，促进整体融通，建构学习图式。

综上所述，《只有一个地球》有鲜明的表达特色及其独特的教学价值，因而，以“但是”为支点构建教学思路是合适的，也是与作者之匠心相照应的。

第 三 章

小学语文学习认知图式的主要类别

图式理论是认知心理学家用以解释心理过程的一种理论。按照图式理论，人脑中所储存的知识都能分成单元，构成组块和组成系统，即形成图式。知识的学习在一定意义上，就是图式的建构和优化。引导学生建构自己的认知图式，对于提高语文教学的质量，培养学生的语文素养，无疑具有重要的意义。

第一节　认知图式的由来和基本特征

一、认知图式的由来

认知图式的形成源远流长，据说要从柏拉图的理念论说起。而最具标志性的人物有康德和皮亚杰。

康德是最早提出“图式”概念的，他认为图式是介于概念与感性形象之间的结构。一个人接受新知，只有与他脑海中固有的直观化、图式化的知识关联起来才能产生意义。

皮亚杰的认知发展理论也是具有里程碑意义的。皮亚杰认为认知发展就是图式的形成和变化。在他看来，主体与认识对象在认识过程中构成双向互动和交流，产生同化、顺应和平衡的影响，就达成了认知结构形成和发展的基本过程。皮亚杰提出认知发展的四个阶段：感知运动阶段，儿童通过感知和运动来体验世界；前运算阶段，儿童的世界开始由符号思维构成；具体运算阶段，儿童开始通过逻辑思维理解经验；形式运算阶段，儿童发展出通过系统检验假设来进行推理的能力。

后来有学者根据皮亚杰的理论，又提出后形式运算思维。后形式运算思维被称作辩证运算思维，指使用逻辑论证、讨论和推理作为智力探索的方法。现代的认知心理学家进而提出信息加工理论，不断丰富了认知图式理论。

从总体上说，他们都认为认知图式是知识的框架和结构，是记忆中表征知识各个要素相互联系、相互作用形成的具有一定心理结构的网络。学习者认知图式的建构，根据不同的学习类型，有增长、调整和创造三种方式。

二、认知图式的特点

认知图式具有鲜明的特点：

一是整体性。认知理论的发展曾深受西方心理学格式塔派的影响。格式塔派心理学强调整体与完形，认为整体大于部分之和。认知图式亦然，认知图式不是物理实件的部分堆加，不是要素的拼凑，而是认知的建筑板块。

二是一般性。认知图式是抽象概括形成的，它经历了从特殊到一般、从个别到普遍的过程。正因为如此，认知图式可以迁移在新的复杂情境中，认知图式被激活就能作用于问题解决与创新。

三是主动性。认知图式是主体认识客观事物形成的。它包括几个系统：动力系统，即需要意识；控制系统，即价值观念等；工具系统，即思维方式、思想方法；材料系统，即知识与经验；调节系统，即非理性心态要素和非逻辑思维形式。可见，认知图式有赖于主体的积极作用。

四是层次性。认知图式可以有不同层次，可以有亚图式。学习中的思维升阶往往意味着低层次图式被激活后，去激活高层次图式。一个图式可能统领亚图式。比如小说人物这个认知图式下面就会有亚图式，如福斯特在《小说面面观》中就将人物分成扁平人物和圆形人物。

第二节　小学语文学习认知图式的类别

认知图式一般有内容和形式之分，在讨论语文学科学习时，我们则可以把它分为内容、形式、语言三种。

一、内容图式

内容图式，指的是语文成品的主题和内容。比如人们说《诗经》的贡献主要有两个，一个是生动深刻地反映了当时的社会风貌，还有一个是奠定了中国诗歌的审美范式。审美范式属于形式，社会风貌则是内容。在学习语文时，随便打开哪篇课文，我们都会看到一个客观世界。这个客观世界可能是科技的，也可能是人文的；可能是远古的，也可能是未来的，还可能就是当下的；可能是丰盈蓬勃的人类世界，也可能是美不胜收的大自然。这些大体都是语文核心素养所指的“文化”。随着学习的不断深入，我们对世界的认知也不断丰富。

二、形式图式

形式图式，指的是关于文章体裁和章法方面的知识。体裁即文本形体的组合方式，形成作品的内在结构。文各有体。从文艺性角度看，课文有诗歌、小说、散文、戏剧，还有童话、寓言、神话、民间故事等；从实用性角度看，课文有记叙文、议论文、说明文、应用文及非连续性文本，都各有其体式特征。我们经常讨论的文体意识，就是强调对文体特征的把握，其实也就是文体图式的应用和丰富。关于文体图式，要把握的是：第一，同一体裁下面还有“亚图式”。比如诗歌，以“赋比兴”说之：赋者，直书其事；比者，托物言志；兴者，触物起情。散文也可以再往下分一个层次，如抒情散文、叙事散文、状物散文、喻理散文等。第二，文章的体裁总是有辨体与变体的互动。一方面，文章要符合体裁的规范；另一方面，文章又不断有体裁的突破。比如对于小说，我们习惯讲环境、情节、人物三要素，但这对于现代主义小说就行不通。都说小说是虚构的产物，但现在就有纪实小说。所以在小学语文教学中，关于文体要素的说法应当慎重。对于一些文体创新的作品，我们应将之看作文体图式丰富创新的好样本。第三，文章被选入教材，通常经历了重构的过程，特别是节选的作品，需要用新的眼光打量。比如《少年闰土》，文章的母体是《故乡》这篇小说。如果拘泥于此，用小说的三要素去套，就没有办法教了。我们不妨根据节选的特点，着重引导学生体会作品怎样以事写人，体悟其抒情性。

所谓章法，就是段篇的构成规律。有章法，就是段落的句子安排讲究规律，而这种规律，就是一种图式。教学时加以留意，就有助于促进学生图式的建构。比如《莫高窟》，有的老师在教授时只关注卧佛和飞天群像，显然缺乏图式意识。只要浏览一下课文，就可以看到，这篇文章第二、三两段分别写彩塑和壁画。先用一组排比句略写，再详写卧佛和飞天。详略得当，这就是章法方面的图式。这样的认知图式形成了，对于描写运动场、公园、田野等场景，学生就能胸有成竹了。

三、语言图式

语言图式，指的是语音、字、词、句等方面的语言知识及应用。苏霍姆林斯基谈到学生基础不牢时说："不妨设想一下：我们盖一座漂亮的楼房，可是把墙基打在很不牢固的混凝土上，灰浆不断地剥离，砖头也在脱落；人们每天都忙于消除工程中的毛病，可是始终处在楼房倒塌的威胁之下。"他还严肃地指出：许多语文教师正是处在这种状况之中，"他们在盖楼房，可是墙基在裂缝"。建构语言图式，无疑是夯实语文学习的地基。具体的字、词、句教学自当重视，这里姑且不论。笔者想讨论的是，除了那些字、词、句运用基本规则构成的图式外，怎样让学生学得"活"？比如，有的老师教学生字词不动脑筋，很随意地一个个教过去，而薛法根老师总是把词语分成几组，对应课文内容。词语本身就构成特定的图式。词语与词语之间构成了有机联系，学生对词语的学习与课文内容的理解也就建立了联系。有些词语、语句的表述本身就可能是经典的图式，要注意把握。许多词语或语句就是一个特定的意象，凝结着作者的审美心理，如果不加体味，随意放过，实在可惜得很。比如《卖火柴的小女孩》结尾写："新年的太阳升起来了，照在她小小的尸体上。"有的老师在教学时对此视若无睹，殊不知，以乐景写哀就是一种语言上的审美图式。

第三节　引导认知图式建构的教学策略

教学的关键不在于一个个知识点的反复咀嚼，而在于认知图式的建构。为此，我们提出改进教学策略的若干建议。

一、重视以认知图式为指向的教材开发

“用教材教”，新课改的这种倡导，包含着对教材的再开发、再创造。这种开发、创造往哪里走呢？认知图式指向非常具有探索、实验的价值。从内容图式看，教材大都采用人文组元的方式。比如小学语文统编版教材三年级上册第一单元，以“校园生活”为主题，《大青树下的小学》反映了校园一天的生活，《不懂就要问》反映了课堂学习生活，《花的学校》反映了课后游戏生活，习作“猜猜他是谁”以同学为观察对象，口语交际“我的暑假生活”则是写校园生活的延展。可以说，这些内容构成了“校园生活”完整的图景。从形式图式来看，小学语文统编版教材中不少语文要素直接指向文章的体裁和结构方式。比如故事的想象，故事的起因、经过、结果，故事的猜测与推想，都是具体的语文要素。把握这些要素，学生自然能初步建构对故事这种体裁的认知图式。五年级上册《小岛》中出现过两个“竟”：“掀开油布一角，竟露出一片绿油油的菜地。”“那一片油布已经翻开，露出了一大块菜地，那绿油油的一片，竟构成了一幅中国地图。”有的教师在教学时抓住两个“竟”字，提炼出这个故事的情节出乎意料又在情理之中的特色，对学生把握这类文章的体式、领悟这篇文章的特色、落实“体会课文表达的思想感情”这一语文要素都起到了积极作用。至于语言图式，在教材中更是俯拾即是。比如，关注有新鲜感的词语和句子，关注语言的生动性，怎样处理动静、详略，等等，都是现成的语文要素。段落的构成，修辞的运用，文章的节奏，等等，也都提供了建构认知图式的丰富素材。

二、突出整体感知的学习方法

认知图式强调的是完形，是整体。根据格式塔理论，整体大于部分之和。整体有时也应该分解，但整体不是各个部件、要素的相加，而是生成新的东西。奥地利学者爱伦费斯曾有“第七个因素”的说法。他打比方说，演奏一支由六个乐章组成的乐曲，这六个乐章加起来，就不是原来六个乐章的样子，

而是产生了变了调的曲子，生成了更美妙的具有新质的东西。这样的观点对于语文学习是有启发的。

第一，坚持“整体—部分—整体”的基本方法。语文学习要经过初识整体—局部理解—整体升华的阶段，但在语文教学现场，最后一个阶段常常不见。回归整体这一步骤不能省略。在局部理解中，课文结构的各个部分，内容上的各个方面，思想意义的各个层次，艺术表现的各个侧面，都变得清晰明确，但同时原本生动形象、有血有肉的艺术整体分散而无力了。前辈学者说：所谓教课文，就是带学生在课文里走几个来回。分解内容后，还要回归到整体上来，让课文以通体透亮、形神兼备的完整样貌呈现出来。这个过程中自然产生某种图式，精神也得以升华。又如中国古典诗歌，“情志为本”，然而往往“言不尽意”，于是“立象以尽意”，有的甚至有“象外之象”“象外之意”。教师引导学生“入乎其内，出乎其外”，领略体悟，学生也就能欣赏到“第七支曲子”的美妙乐章。

第二，倡导情境语文的基本风格。斯霞老师提出“字不离词，词不离句，句不离篇”；李吉林老师的情境教育，其起点和内核都是情境语文；孙双金老师的情智语文，其实与前辈“弹奏”的是同一支曲子；薛法根老师提出组块语文，一个组块就是一个情境，相对课堂整体来说，组块又是情境的一个层次。我们不是不可以教细节，不是不可以关注某个点，而是要把它放在整个情境中，让它“活”起来。这其实也包含了上面所谈到的整体感知的问题。《慈母情深》中，写破缝纫机、不算年轻的女人、灯泡时，多次用到了“七八十”这个表述。把这里的反复描写放到课文的大情境中就可以发现，阴暗、压抑、艰辛笼罩了全文，后面老头儿的“嚷”，女工的“喊”，“我大声说出”，母亲“大声回答”，还有母亲让人鼻子发酸的神态、动作，以及开头“我”“要这么多钱”，结尾“我第一次”的醒悟，都与这“七八十”融为一体。学生沉浸在大情境中，体验这些细节的温度，对反复这种写作手法的语言图式，对“体会作者描写的场景、细节中蕴含了感情”这个语文要素，对母爱的人文主题，都会有感觉、有感受、有感知、有感情。

第三，关注知识的前后贯通。从一个单元看，各篇文章，以及口语交际、习作、语文园地等各个板块，都有各自的功能定位，教师要以关联的观点整体把握。从一学期、一学年、六学年看，知识总是呈螺旋式上升的。在循环渐进的过程中，我们展开的是椭圆形思维，这是螺旋式上升过程中的思维状态，所以要从知识体系视野看待某个具体的知识内容，这样，认知图式就可以不断丰富，不断发展。

三、坚持以学生积极实践的语文学习为主线的基本路径

建构认知图式，是一种主体行为。知识的要义在于知识的运用。实践性是语文学科最重要的本质特点。因此，教学必须以学生积极实践语文学习为主线。

第一，主动适应学生发展的需要。作为目的和动力要素，需要意识影响认知的主过程。有了需要，人的主体性就被激活。教育，在一定意义上就是为了适应、满足学生的需要。这里要注意的有三点：一是把握学生真正的需要。诺丁斯说，学校教育很多是推断需要，然后强加给学生。在其看来，成人推断的需要与孩子们自己的需求经常发生冲突。诺丁斯曾经引述过别的学者的意见："通常在孩子'为了他们自己好'而被迫去做一些自己讨厌的事，或接受不能表达自己痛苦的惩罚时"，孩子就会产生一种"扭曲性的性格"。因此，教师要从学生原有的认知图式出发，以期激活高一级认知图式。二是把握每个学生的需要。每个人都是独特的个体。学生学习的基础不完全相同，学习的风格存在差异，学习能力总有强弱之分，认知图式也都存在个体性特征。有人说仁者见仁，智者见智，其中一个原因就是认知图式存在个体差异。所以，我们要在坚持基础性的同时，倡导选择性，让学生在建构认知图式的过程中，个性饱满地发展。三是倡导教学的审美性。张世英教授认为，审美境界是人生的最高境界，可以对应西方的宗教境界。道德境界还是受约束、受规范的，是必须这样做；审美境界是生命主体的内在追求，是自然会这样做。进入审美境界，主体与客体，人与境，往往融会贯通，形成同构关系，主体的主动性、创造性被充分点燃，以至奏响"第七支曲子"，学生在本质上也就满足了身心自由的内在需要，从而更好地建立了学习的主体性。

第二，倡导项目化学习。项目化学习规定学生要"做"，要参与，要经历。项目化学习一般包括任务、情境、活动、结果几个要素。这里的"情境"是贯通整个学习过程的，比如我们所说的人文主题，就是笼罩整个单元的。我们常讲的真实任务驱动中的"真实任务"就是情境，一定贯穿始终。这里所说的"任务"，现在常常有"大任务""大结构"的表述，可见，有结构化、图式化的意蕴。这里所说的"活动"，应当是大脑中某种图式的唤醒，在参与性的语文实践中建立原有知识与新知识的响应，在关联性的寻找中，丰富、调整或者创造新图式。这里的"结果"，指的是知识技能、学习能力，以及情感价值观等方面的收获，包含了认知图式的相关内容。图式应当是产生式的，项目化学习正是经历产生的过程。无论是项目化学习，还是

用别的方式学习语文，都应关注缄默知识与显性知识的关联性。波兰尼认为，知识要么是缄默的，要么是植根于缄默知识的。伯姆认为思维实际上就是一种微妙的潜在默契和意会形成过程，是一个心领神会的过程。在语文学习过程中，我们要引导学生运用缄默知识，同时要看到这类知识往往处于意识的边缘或意识阈限之下，在特定的情境和任务之下可能被激活，进入意识层面，从而有可能对其加以表征。我们需要通过深度对话，让学生不仅“在场”，而且“出场”，多一些表现的机会。其实这也是认知图式产生、成型的一个重要过程。

第三，重视语文知识的积累与应用。“积累”常常和“梳理”伴随而行。语文知识的积累有一个重点，就是不能排斥、忽视碎片化阅读。现代人的语文学习大都是碎片化阅读，如果与结构化的学习打通，有意识地梳理和积累，把碎片化的知识凝聚到相关的认知图式，语文学习就可以事半功倍。语文知识的应用，主要是认知图式的迁移。现在的教材都是读写单元整体设计的，从读向写迁移，主要的学习支架是包含在阅读文本中的认知图式。同时，教材又要通过表达与交流，优化学生原有的认知图式。句、段的模仿练习也应该如此。语文知识的应用还应该包括现实生活中的文化参与，包括日常生活自然状态下的语文实践。教师有意识地组织语文综合性学习，引导、鼓励学生提高语文生活的品质，都是很有必要的。前者因为《义务教育语文课程标准（2022 年版）》（简称“新课标”）有这方面的要求，教材也设计了相应的板块，总体是得到落实的，但后者还没有得到重视。斯霞老师当年教语文，教育学生对人说话有礼貌，结合三年级至六年级的语文课本，总结了四组词语。无论课上还是课后，斯老师都随着学生年级的变化，引导学生自觉使用相关词汇。久而久之学生对词语的运用也就拾级而上，语文生活的品质也就不断提高。这对于我们是非常有启发意义的。

第四章

“语言文字积累与梳理”任务群

“语言文字积累与梳理”任务群是六个任务群中唯一的一个基础型学习任务群。该任务群旨在积累语言材料和语言经验。语言材料包括字、词、句、篇等；语言经验包括对语言现象和语言文字运用规律等的积累与梳理。在语文实践活动中，教师要引导学生通过观察、分析、整理等方法，去发现汉字的构字特点、遣词造句的规律，感受汉字的文化内涵，奠定语文基础。

第一节　关于识字的学习图式

识字教学是小学语文教学的重要组成部分，是阅读教学和作文教学的基础，因此，识字教学在小学语文教学中占有举足轻重的地位。我们将识字教学的重点放在低年级，并将其作为全面提高识字教学质量、增强教学效果的重要突破口。但目前低年级识字教学中仍然存在教学理论与教学实践“脱节”的问题。当前识字教学理论研究与实践研究的“脱节”表现在两个方面。一方面，识字教学理论研究脱离实践。一些识字教学理论不能更好地指导实践，缺少对教学的适切性，带有本本主义的倾向，未能让课堂教学发生实质性的改变，以致课堂教学存在识字教学方法或模式的僵化应用现象。另一方面，识字教学实践研究与理论脱节。已有的研究多重视对教学经验的积累，希望通过探索与创新各种不同的识字教学方法来突破传统的束缚，推动识字教学科学化发展，但未能从源头上找到问题所在，带有经验主义倾向。图式就是人不断积累起来的知识和经验的结构。教师应让学生了解象形字、指事字、会意字、形声字等造字方法的构造原理和汉字演变的过程，从而实现从字理到汉字文化的过渡，使学生感受到中华汉字文化的博大精深，在真正体会汉字音、形、义之间联系的过程中构建识字图式及识字经验体系。因此，小学语文学习图式教学在识字教学中的运用，可以让识字教学理论研究与实践研究实现融合发展。一方面，教师将理论研究成果转化与运用到教学实践中，可真正发挥理论的指导作用；另一方面，教师根据教学过程中的具体实践情况不断反思已有的教学理论，推动识字教学在理论预设和实践生成的交互作用中发展，可实现理论与实践间的联系与整合。

翻开新课标，从低年级识字教学的目标来看，让学生完成规定数量的识字仅仅是识字教学一个方面的任务。识字教学还有另一方面重要的工作，即让学生掌握语言文字运用规范，感受汉字的文化内涵，奠定语文基础。小学语文统编版教材构建了一种无处不在的识字环境，一年级教材的识字任务贯穿于不同的板块之中，形成一个螺旋上升的结构。统编版教材重视“多元识字”，提倡不完全依赖拼音识字，而是通过字形、结构、偏旁等去识字，鼓励学生根据上下文猜读、根据形声字构字规律猜读等等。

小学语文学习图式教学在识字教学中的运用有助于教师达成识字教学目标。首先，教师要加强对识字教学的理论基础研究，了解儿童身心发展特点，坚持识字教学遵循儿童的认知规律。其次，教师要坚持对教材中生字的字种、字量、字序等进行系统的研究，逐渐形成科学的语料库系统。再次，教师要在充分尊重汉字的构字依据和组成规律的基础上，运用汉字形、音、义间的联系进行教学，采用自主、合作、探究的学习方式，让学生在理解的基础上进行识字，有效地减少错别字，从而激发学生识字的兴趣与愿望，使学生掌握汉字音、形、义间的系统联系，体会汉字所蕴含的文化内涵，培养学生的探究意识和独立识字的能力，发展学生的语文素养。

小学语文学习图式教学在识字教学中的运用一般来说可以通过以下四种学习图式（图 4-1）实现。

图 4-1　四种学习图式

一、象形字——图字比照的学习图式

象形字是最基本的汉字，且构字能力最强，是学习指事字、假借字、会意字、形声字等的基础。在小学阶段，象形字大多集中在低年级教材中，是小学低年级识字的重点。象形就是根据事物的样貌，描绘出它的轮廓和特征。象形字的特点很明确，就是许慎所说的“画成其物，随体诘诎”，一看便知是何物，所以象形字具有很强的主观性。低年级孩子对形状以及色彩的印象和记忆会比文字更加深刻，越是有形状、有轮廓的东西，他们越是能记住。既然图片的方式能让学生的记忆更加深刻，那在教学象形字时，我们就需要采用图字比照的学习模式帮助学生记忆。

例如，在教授小学语文统编版教材一年级上册《口耳目》时，教师采用象形字识字的方法，让学生感受汉字的文化内涵，激发其识字的兴趣。课文呈现了生活中常见的象形字，每个字用图文结合的方法展示，揭示了象形字观物取象、以象示意的特点。图片与汉字对照，便于学生理解字义，识记字形，初步了解象形的造字方法，感受古人造字的智慧。请看教学片段：

师：请同学们看看老师手中的图片。你能猜到这是什么字吗？（出示写有金文的“目”字图片）

生：这幅图画的是一只眼睛，我觉得是“眼”字。

师：你观察得很认真，它确实是一只眼睛。但它是哪个字呢，谁再来猜一猜？

生：我认为是“目”字，因为它和“目”字很像。

师：恭喜你，猜对了！这个字就是“目”。古代人要写“目”字就画一只眼睛，渐渐地就越写越简单了，最后就有了现在的“目”字。（教师一边粘贴字理演变图片一边说）那你知道“目”是什么意思吗？

生：我知道，“目”是眼睛的意思。

师：你真聪明，答对了！“目”最早就是眼睛的意思。后来“目”又有了“名称”“目录”“看”的意思。你能给“目”字找个朋友，组组词吗？

生1：我会组词，目光、题目。

生2：我也会，目录、目前。

生3：我还能组一个，历历在目。

师：同学们真棒，能用“目”组这么多的词，还会说成语，真了不起！你们看，这个“目”字多像我们的眼睛啊！这种与所代表的东西的外形非常像的文字就是象形字。它最早出现在距今三千多年前的甲骨文中，是中国最早的文字。老师这儿还有几个象形字，你们能猜出来它们是什么字吗？

生（异口同声）：能！

师：很有信心哪！那我们怎样猜才会猜得又快又准呢？

师：要根据象形字的特点来猜才行！现在就翻开你们手里的卡片，四个人一组，研究研究，猜一猜，并说说你们为什么这么猜。

（小组内猜字，教师巡视）

师：谁来汇报一下你们小组猜到的字？

生1：我们小组猜到的是“手”和“耳”（生举卡片），因为这两个字的外形和手、耳朵特别像。

生2：我们小组猜到的是“口”（生举卡片），因为这个字很像一个人张开的大嘴，而且它和现在的“口”字特别像。

生3：我们小组猜到的是“足”（生举卡片），因为这个字很像一个走路的人，而且它和现在的“足”字很像。

师：你们的想象力可真丰富，猜出了这么多汉字，还说出了理由。我们来看大屏幕！（出示这几个字的字理演变图）

师：快为自己鼓鼓掌吧！你们真是火眼金睛，都猜对了！现在就让我们一起读一读这些字吧！

游戏永远是孩子们的最爱。本教学片段中的有趣的猜字游戏既激发了学生学习的热情，又帮助学生记忆字形，起到了事半功倍的作用。象形字的演变图生动形象，揭示了字形和字义的联系，为学生识记字形、理解字义提供了很好的依据，也充分体现了中国汉字文化的魅力。虽然大部分学生都认识本课的字，但“象形字”这个概念，他们还是初次遇到。在教学中，教师先让学生观看汉字演变的动画，从实物到甲骨文、小篆，再到现在的方块字，让学生对汉字的演变有一个整体的认知，对象形字有更深的认识。然后让学生组词，结合图片理解部分词语，帮助学生积累词汇量。当学生猜对了某个字时，他们会获得成功的喜悦，如此便能激发学习兴趣。学生在观察字和图片，通过对比发现规律——字和图的相似处时，不仅很容易记住该字，以后遇到这类字也会用象形的规律来学。

二、会意字——分解组合的学习图式

“会意者，比类合谊，以见指㧑，武信是也。”会意字就是将两个或两个以上的字合为一个字，从而呈现出新的意义。在教学中，我们可以采取将部件先拆分后组合的方法来帮助学生了解字理，掌握会意字的字形，理解字义。将部件拆分与组合的实际操作过程需要想象、分析、推理，这为学生抽象思维能力的培养做了铺垫。

下面以小学语文统编版教材一年级下册《猜字谜》和一年级上册《日月明》教学为例。

（一）《猜字谜》教学片段

（出示第一则字谜）

师：谁来读读第一则字谜？

（学生自由举手朗读，全班齐读）

师：请同学们再仔细读一读，边读边想，谜底究竟是什么字？

（同桌之间相互交流讨论）

师：谁来猜谜语？说说你是怎么猜的？

（出示：“左边绿，右边红，左右相遇起凉风。”）

师：这个字有左边和右边，你想到了什么呢？

生：左边是绿色的，右边是红色的。

（板书：“绿、红”）

生：我还从这句话中猜出这个字是左右结构，而且左边和绿色有关，右边和红色有关，整个字和凉风有关。

师：你真棒！读得真仔细！

（师指名读，男女生对读）

师：下面让我们一起来读一读。

（出示："绿的喜欢及时雨，红的最怕水来攻。"）

师：绿的什么喜欢雨呢？红的什么会怕水呢？

生：绿色的可能是一种植物，红的可能是火，因为怕水。

（板书："喜欢雨：禾。怕水攻：火"）

师：现在你能猜到这是什么字了吗？

生：秋。

（板书："秋"。指名读）

师：多有意思的字谜呀！让我们再来读一读吧！一边读，一边回想谜底是怎样猜出来的。

师：同学们真是猜谜语的能手，那想不想挑战更高的难度？编字谜可是一件非常有趣的事情，开动脑筋，也许你能成为编字谜大师呢！

师：你能尝试着给今天的生字编个字谜吗？

师：字谜是通过字的组成来创编的。

（同桌之间合作编字谜，教师适当指导）

师：老师发现我们班好多同学都是编字谜的大师。接下来大师们就把你的字谜给其他人猜一猜吧。

[守门员（闪），多一半（夕），二木不成林（相）……]

师：同学们真了不起！请你们今天回家把课文中的字谜和你编的字谜给家里人猜猜。

在这个教学片段中，教师充分利用猜字谜的游戏教学方法来激起学生对知识的求知欲，从扶到放，调用学生前期的生活经验，再利用学生已掌握的知识，帮助学生自主猜出字谜。同时拓展到课外的汉字，实现语文课与生活及原有知识的衔接，激发学生创造的热情，加深学生对生字结构的印象，使学生了解一般的汉字组成规律。

（二）《日月明》教学片段

（出示红日和明月的图片）

问题1：图片中画的是什么？根据它们造出的字分别是什么？

问题2：如果把它们合在一起，你有什么发现？

（课件演示“日和月合在一起”）

（生交流）

（师板书课题）

师：请同学们自由读，并在课文中找到课文后面的认读字并用铅笔圈出来。

（生自由读，然后和同桌互相读一读）

（出示田里一名男子在劳动的图片）

师：说一说你观察到了什么？

师：考考你们，为什么“田”和“力”合在一起，就是“男”？先猜猜。仔细观察图片。

（揭示字义：古时候，在田里面用力气干活的人是男子。女子专门在家里纺纱、织布。所以古人把“田”和“力”合起来，造出了上面是“田”、下面是“力”的“男”字，表示男子用力在田间耕作）

师：再读本篇课文，感受古人造字的智慧。

师：尖的东西，都是上小下大，看起来尖尖的，所以这个字是“尖”。尖的东西有哪些？

生：笔尖、山尖、针尖……

师：“尘”是什么意思？猜一猜。飘在空中的都是很小很小的土，叫“尘土”“灰尘”。你们还在哪儿见到过尘？

生：生活中灰尘无处不在，扫地时尘土飞扬、刮大风时尘土满天飞……

师：小组合作学习“二人从，三人众。双木林，三木森”。通过图片或想象画面，猜测“从，众、林、森”的意思。

（四人小组合作学习，组内交流自己的学习收获）

（全班交流学习成果：“二人”为什么叫“从”）

师：一个人在前面走，一个人在后面跟着。

师：后面的人跟着前面的人，就是“从”，意为“跟从”。

（生表演）

师：那三个人一起呢？看着“众”字，你想到了什么？

师：在中国文化里，“三”有时候表示许多的意思，那这里三个人在一起就代表许多人，人多即为“众”。现在我们来玩一个猜谜游戏：上看一棵树，下看两棵树，仔细看一看，还有许多树。这是什么字？

生：森。

师：“森”表示什么意思？

生：很多很多的树。

师：两个木的“林”和“森”相比，谁表示的树木更多？

生：森。一棵树连着一棵树，就是一片树林；一片树林连着一片树林，就是森林。

《日月明》以儿歌的形式出示了明、男、尖、尘、从、众、林、森共八个会意字。教师根据儿歌的歌词采用先拆分后组合部件的方式，让学生掌握字形，即在头脑中建构会意字的字形图式（见图4-2）。

日+月=明　人+人=从　木+木=林

田+力=男　小+大=尖　小+土=尘　人+人+人=众　木+木+木=森

图4-2　会意字图式

学习汉字仅仅停留在掌握字形这个层面是远远不够的，还需在拆分组合之中了解汉字的内在含义。如：在“从”字的教学中，教师先出示甲骨文“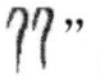”，让学生从直观上形象地认识到“从”就是一个人在前面走，另一个人跟在后面走。师生之间演一演，这样“从”字的本义“跟随”就显而易见了。而“众”字的教学也一样，教师让学生把“众”拆分成三个“人”，然后让学生思考一下：三个人合起来表示什么意思呢？同时教师再告诉学生在古代数字“三”本身就表示很多的意思，如“三五成群”“三人行，必有我师焉”等，从而让学生理解“众”就是很多人的意思。

三、形声字——形声结合的学习图式

形声字归类识字是根据形声字的构字规律来识字的一种形式。它有两种类型：一种是基本字带字识字。这类形声字由学过的笔画简单、构字率强的基本字做部件，加上偏旁组成，如“半—伴（伙伴）”“门—们（人们）”“支—枝（枝叶）”。在这一教学环节中，每组前边的字是熟字，后边的字是生字，每组生字后面编排了由生字组成的词语，而前面的熟字做口头组词即可。另一种是形声字比较识字。这类形声字由形旁表义、声旁表音，特点较明显的字组成，如“铜—桐”“钩—沟”“清—晴—请”。这一环节的教学少不了组词，并且每组的熟字、生字都要组词，这样可以帮学生在组词中进行比较记忆。如“清（清水）—晴（晴天）—请（请客）”。

如在小学语文统编版教材一年级下册《小青蛙》的教学中，教师让学生自己借助拼音读准字词的音，再引导学生说说生字与熟字在音、形、义上的异同，找出表音、表义的偏旁与生字的音、义之间的联系。请看教学片段：

师：小青蛙是我们人类的好朋友，小青蛙的“青”字也是一位爱交朋友的汉字呢！同学们在儿歌里找一找，“青”字都和哪些偏旁交上了朋友，又变成了哪些新字呢？

生：它和三点水、日字旁、目字旁、竖心旁、言字旁交了朋友，变成了新字“清”“晴”“睛”“情”“请”。

师：（出示五个偏旁，让学生读读它们的名称）小朋友能给这些“青”的新朋友组个词吗？

生：清水、晴天、眼睛、心情、请客。

师：看着这些词语，你能说说这五个偏旁和“青”组成的汉字在意思上有什么不用吗？

生：三点水的“清”一般表示水很干净，与水有关；日字旁的“晴”是指天气晴朗，和太阳有关；目字旁的“睛”表示的是眼睛；竖心旁的“情”表示心情、事情，和人的感情有一定的关系；而言字旁的“请”表示一个人在说话的时候很有礼貌，与说话有关。

师：你总结得真棒，所以“青”字朋友的意思都与它们的偏旁有关。小朋友们，你们再一起来读读这几个字，你们还发现了什么？

生：我发现这五个字的读音都与“青”很接近。

师：是的，它们都有共同的韵母“ing”。像它们这样的汉字一般由两部分组成，其中的“青”字表示读音，而另一部分偏旁表示这个字的意思，这样的汉字就叫“形声字”。

师：同学们发现了“青”字家族的奥秘，“包”字家族也赶来看同学们了呢。瞧一瞧，它们是谁？

（出示：“饱、泡、跑、炮、袍、抱”。师引导学生观察“饱、泡、跑”的偏旁，联系生活实际，编儿歌将它们记住）

师：饱—饣—食物—有饭能吃饱。

泡—氵—水—有水把茶泡。

跑—⻊—脚—有脚快快跑。

（学生自行观察“炮、袍、抱”）

生：炮—火—火—有火放鞭炮。

袍—衤—衣服—有衣穿长袍。

抱—扌—手—有手轻轻抱。

师：字族识字法是一种有趣又有用的识字方法。以后我们还会学到更多有家族的生字宝宝。老师相信你们能编出更好的识字儿歌，把它们都记住！

在教学中，教师通过观察字形、朗读字音、组词比较自编儿歌，让学生更好地理解形声字形旁表义、声旁表音。

学生掌握了形声字的特点，可以由学一个词到学一串词，在使用中了解形声字的特点。教师要大胆突破篇章局限，捕捉教材文本的连接点，对文本进行重组、再构，从而形成一个有共同性的识字体系，为学生建立整体的识字环境，让学生在学习中不断激活同类知识或能力，实现有效的自主学习。还可以适度点拨、提升，让学生边学边用，边用边学。

一年级的学生有着天然的好奇心和求知欲。通过主题活动，他们俨然是形声字学习的"小专家"了。形声字的规律帮助他们认识了很多的汉字，让他们发现了学习汉字的乐趣。回归课堂进行交流，在思维碰撞之间，学生的识字场域变得更广阔，识字思维也变得更开阔。例如，学生在分享了"鸭肠""鸭肝""鸭肫"这一组词语后，立刻就开始了进一步的补充，发现"肚""背""腿""腰""脸"等都是形声字。

更可贵的是，学生在不断研究中，也产生了疑问。他们发现"脑"也是一个形声字，可是它的右边下部读"xiōng"。这是因为随着汉字的发展变迁，有些形声字的表音、表义功能不能一一对应了。学生从最初的跟学，到后期的主动研究、大胆质疑，学习汉字的主动性得到很大的提升。

形声字构字规律提示我们，汉字不需要一个一个地教，掌握构字规律可以让小学生识字事半功倍。小学生在学习规律、掌握规律、运用规律的过程中，锻炼了思维，就会实现触类旁通，由一到二，由二到三，由三到整个汉字世界。

四、指事字——巧借象形的学习图式

指事是用象征性的符号来表示一个事物的意义或在象形字上添加一个符号表示一种新的意义的造字法。我们在看指事字时，看字的大概形状可以知道某种实物的形状，再仔细观察指事的部分就可以知道整个字的含义了。在第一学段的识字过程中，学生也会遇到许多指事字。本学段的学生对图像、形状等的记忆会比较深刻，因此，教师在教指事字时，可以巧借象形，让学生在观察的过程中，发现变化与区别，从而认识指事字。

下面以小学语文统编版教材一年级上册《金木水火土》和《小书包》教学为例，展现巧借象形认识指事字的妙处。

(一)《金木水火土》教学片段

师：谁来读好这一句？(出示：“天地分上下，日月照今古。”)

(师指名朗读)

师：你读得真棒！老师奖励你看一张图片。

(出示图片：)

师：图片中是古时候的文字。谁来猜猜它是什么字？

(生举手交流)

师：小朋友们真聪明，这就是“上”。

师：这条长长的弧线表示的就是我们的“地平线”，也就是大地。古人在上面加一个短短的横，用来表示“大地之上”，于是“上”这个字就出现了。请大家再来读好它。

(生齐读)

师：谁能来给“上”组个词语呢？

生：地上、桌上、手上、上学、上课……

师：现在我们认识了“上”字，那你会写吗？

(出示田字格中的“上”)

师：在学“上”字前，我们要先认识一个新的笔画，它就是——竖。竖在一个字中起支柱作用，因此，要写得平正，挺拔有力，不要歪。只有这样，才能让这个字站得稳稳的。

(教师范写，学生书空)

师：上节课我们认识了田字格。请你观察一下“上”在田字格里的位置，你发现了什么？

生 1：竖要写在竖中线上。

生 2：第一个横比较短，第二个横要长一点。

师：你们观察得真仔细。请你们伸出小手，和老师一起来写一写这个字吧！

(学生一边念笔画歌一边书空)

师：现在请你们自己写一写这个字，描一个，写两个。

(学生自由练写)

师：你们的字写得真好看！奖励大家再来看一张图片！

（出示：）

师：现在请你们再来猜猜，这又是什么字呢？

生：下。

师：真棒，你们都会举一反三了！谁能给“下”组个词语呢？

生：放下、下面、地下、太阳下、下车……

师：你们可真是会组词的孩子！让我们一起来读好这些词语吧！

（生齐读词语）

师：现在我们认识了“上、下”，那你们能来说说“天地分上下”是什么意思吗？

生1：天在上，地在下。

生2：天和地不是在一起的，是分为上面和下面的。

师：是的，天和地是分开的，一个在上，一个在下。让我们再来读好这句话。

（生齐读“天地分上下”）

在这个教学片段中，教师先利用甲骨文“上”的图片，激发学生的识字兴趣，让学生通过猜谜的形式投入识字教学中，而后引出“上”是大地之上的意思，让学生将图像与字的意义联系起来，进行记忆。并且适时地引出“上”字的书写，让学生认识竖这个笔画，不仅认识了字，也会写了。在学习“上”字后，让学生举一反三，出示“下”的甲骨文图片，并让学生区分“上”和“下”的不同，加深识字记忆。

（二）《小书包》教学片段

师：夜晚，星星眨着眼睛。小朋友们都睡着了，小书包里却传出了声音。是谁在那儿聊天呢？你的小书包里装着哪些文具呢？

（出示文具的图片）

师：瞧，就是这些宝贝，它们都有名字呢！

（出示：“橡皮、尺子、作业本、笔袋、铅笔、转笔刀”）

师：你会读它们的名字吗？我们借助拼音来读准吧！

（师指名拼读）

师：注意“尺子”的“子”读轻声，“转笔刀”的“转”读第四声。

师：拼音宝贝们都聊天去了，只留下了名字，你还会读它们的名字吗？

（生开火车读词语，男女读）

师：你会认这三个字吗？请拿出你的作业本，找到这三个字读一读。

（生自由读）

师："作"是左右结构，左边是我们今天要学习的新偏旁——单人旁。让我们一起来读好它的名字。

（生齐读）

师：你还认识哪些带单人旁的字？

生：们、你、他……

师：真棒！你会用"作"组词吗？

生：作业、工作、作文、作家。

师：你怎么记住"本"字？

生：我用了加一加的方法，"木"字上面加一横就是"本"。

师：你说得没错。请你看一张图，猜猜这是什么字？

（出示：）

生：这是"本"。

师：真聪明，一下就猜到了！"本"原来是指树木扎入地下的根，后来又用作量词，比如"一本书"。

师：那你的书包里有什么本子呢？

生：日记本、课本、生字本、绘画本……

师：你会写"本"这个字吗？

（生唱笔画歌）

师：请你观察"本"字在田字格里的位置，你发现了什么？

（出示田字格里的"本"）

生 1：竖要写在竖中线上。

生 2：最后一笔是短横，不能碰到撇和捺。

（教师范写，学生观察后自由练写）

师：这些词语你会读吗？

（出示词语卡片，指名认读"笔袋、铅笔、转笔刀"）

师：看来你们都记住了！你们看，这是什么？

（出示：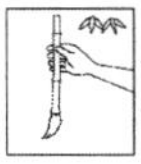）

生：毛笔。

师：是的，古时候人们用毛笔写字。毛笔的笔杆是用什么做的？

生：竹子。

师：笔头是用什么做的？

生：动物的毛。

师：人们后来就把“”字上半部的“”写成“⺮”。这就是我们今天要认识的新偏旁。让我们来读好它的名字。

（学生齐读偏旁名称——竹字头）

师：小朋友们，除了铅笔外，你们还见过什么笔？

生：彩笔、圆珠笔、画笔……

在教学中，教师以课文的整体情境为依托，根据情节的展开组织了识字教学，让学生思考书包里面有什么“宝贝”，联系实际生活，让学生通过自己的作业本记住“作、业、本”三个字，不仅达到了本课的识字目的，也教给了学生识字方法。尤其是在认识指事字“本”的时候，通过结合象形，让学生理解“本”原来的意思。随后由“毛笔”的图片引出“笔”这个字和新偏旁竹字头，加深了学生对“笔”这个生字的认识和理解，也让识字教学的过程始终贴合课文情境。

第二节　关于辨"词"的学习图式

词语教学是组成小学语文教学的重要部分之一，在阅读教学、口语交际和写作等活动中常常担任着重要的角色。词语教学的效果直接关系到正确理解和运用语言文字，所以我们要重视词语教学。词语本身是一些抽象的文字符号。对于低年级学生来说，正确理解并运用词语存在一定的难度。低年级学生正处于使用形象思维的最佳时期，他们的想象力丰富，所以在词语教学中，教师可以抓住学生的这一思维特点，在学习词语伊始，结合学生已有的知识储备，从生活中熟悉的事物着手，激发学生学习词语的兴趣，再通过多种教学方法，让词语学习从生活中来，到生活中去。图式教学能通过多种多样的词语教学方法激发学生学习的热情，加深词语与学生生活的联系，使学生更好地掌握词语。一般来说，词语教学的基本模型如图 4-3 所示。

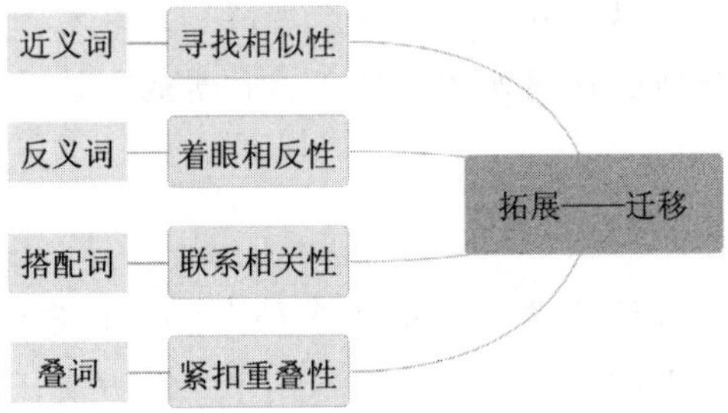

图 4-3　词语教学的基本模型

一、近义词——寻找相似性的学习图式

著名教育家叶圣陶先生在《关于探讨教材教法的几点想法》中这样说："学生要学的，不光是课本上的知识，更重要的是在各科的学习中学会自己寻求知识和解决问题的本领。"小学第二学段的课文中会出现很多学生陌生的词语。用近义词让学生寻找词语之间的相似性也是行之有效的词语教学方法。

下面以小学语文统编版教材三年级上册《铺满金色巴掌的水泥道》中"明朗"一词的教学为例：

师：先来看"明朗"这个词（出示课文前三个自然段）。谁来读一读？

（生读句子）

师：“明朗”是什么意思？

生：“明朗”就是晴朗的意思。

师：当我说到这个词语的时候，我想很多同学的脑海里会蹦出一个和它意思相近的词语，这就是我们理解词语的一种简单方法，叫作找近义词。你运用的就是借助近义词的方法。谁还有不同的想法？

生：我觉得“明朗”就是阳光很灿烂、明媚的意思。

师：你是联系生活实际理解了“明朗”的意思。老师再给大家提示一种好方法。在“寻找”这个词中，“寻”和“找”意思相近，“寻”就是“找”的意思。其实，“明朗”也可以用这种方法理解。

生：“明”就是“朗”，“朗”就是“明”。

师：《说文解字》中说“朗，明也”。借助熟字猜词义也是一种理解词语的好方法。其实由两个意思相近的字组成的词语，在本课中还有很多。

（出示：“潮湿、增添、愉快、蹦跳、歌唱”）

师：这些词语都可以用这个好方法来理解。大家看，同一个词语我们可以运用多种方法来理解。在明朗的天空下，作者的心情是愉悦的。我们来读出这份愉悦的心情吧！

（师生有感情地朗读）

本单元的一个重要语文要素是运用多种方法理解难懂的词语。案例中，教师在教学生理解“明朗”一词的时候运用了三种方法：借助近义词、联系生活实际、借助熟字猜词义。方法多样，深入人心。并且在学生理解了“明朗”之后，教师还拓展到由两个意思相近的字组成的词语——“潮湿”“增添”“蹦跳”等，让学生明白有些不同的词语可以运用相同的方法来理解。通过这样的学习，学生不但认识了一类词语（由意思相近的字组合而成的词语）的特点，而且掌握了一种理解词语的方法。

新课标对每个学段学生的词语理解能力有着不同的要求，可见词语理解在语文教学中的重要性。因此，教师需要在教学过程中有意识地渗透词语理解的方法，并积极拓展词语理解的路径。

二、反义词——着眼相反性的学习图式

意义相反或相对的一组词叫作反义词。如“上”和“下”、“前进”和“后退”、“好”和“坏”就各是一组反义词。反义词是客观事物互相对立、

互相矛盾的关系在语言词汇中的反映。但有的反义词反映的事物本身，孤立地看来并不互相矛盾，如“手”和“脚”、“冬”和“夏”等，它们构成反义关系，主要是由社会习惯决定的。构成反义词的两个或两个以上的词，必须是属于同一意义类别的，如“长”和“短”都属于度量类，“早”和“晚”、“古”和“今”都属于时间类，“快”和“慢”都属于速度类。不同范畴的词，如“浅”和“大”就不能构成反义词。因此，反义词既是相互对立的，又是相互联系的。

反义词是就词与词的关系说的，不是就词与词组的关系说的，所以，“好”与“不好”、“干净”与“不干净”等虽有反义关系，但都不是一组反义词，因为“不好”“不干净”是词组。

由于词的多义和同义现象存在，一个词可能有几个反义词。如“老”是多义词，它的本义是年纪大，引申义有“旧”“长过头”等意义。具有这些引申义的相反意义的词就都成了“老”的反义词——“幼”“新”“嫩”。又如“开”的反义词是“关”，由于“关”的同义词有“闭”“封”“盖”等词，这些词就都成了“开”的反义词。

反义词的类型大致分为两类，即绝对反义词和相对反义词。

（1）绝对反义词：两个意义绝对相反的词，肯定甲，就必须否定乙。这类反义词，不依靠语言环境（上下文）就可以指出来。如“生”和“死”、“动”和“静”、“有”和“无”、“赞成”和“反对”等。

在教学中可以采取以下方式：

师：小朋友，今天老师准备了很多东西，它们里面藏了许多的小秘密。我们要一起来观察观察。用耳朵听一听，用嘴巴尝一尝，并用上你们的小手，才能把它们的秘密找出来。你们愿意和我一起找吗？

（出示大、小纸鹤各一只）

师：小朋友，这是什么？它们一样吗？

生：不一样，一只大，一只小。

师：对，一只纸鹤大，一只纸鹤小。“大”和“小”是一对意思相反的词。我们把这样的词叫作反义词。大的反义词就是小，小的反义词就是大。

（出示厚薄不同的书让小朋友观察，请小朋友听教师两次拍手的速度，引导学生说出厚和薄、快和慢两组反义词）

师：老师在后面的桌子上也准备了很多东西。现在请小朋友们轻轻走过去，找找看，它们里面又藏了哪些反义词呢？

（请学生品尝糖和苦瓜的味道，比较积木和橡皮泥的硬度，比较积木和雪花片的重量，比较不同积木的长短和粗细，并分组进行讨论，尝试说出“甜”和“苦”、“硬”和“软”、“重”和“轻”、“长”和“短”、“粗”和“细”五对反义词）

师：老师这里还有一些图片，想请小朋友们一起帮老师把里面藏着的反义词找出来。你们愿意吗？

（教师依次出示图片。学生观察，通过集体回答或个人回答的方式，说出相应的反义词“上”和“下”、“冷”和“热”、“高”和“矮”、“胖”和“瘦”、“哭”和“笑”）

在教学中，教师通过展示实物、出示图片的方法，让学生直观地感受，以此切身体会反义词是意思相反的词语。

（2）相对反义词：两个意义相反的词，肯定甲就否定乙，但否定甲，不一定就肯定乙，因为还有丙、丁等其他意义存在。如“白”和“黑”相反，但是，不“白”却不一定是“黑”，不“黑”也不一定就是“白”，因为它们中间还有很多颜色存在。正因为是相对的反义，所以哪个词跟哪个词构成反义关系，并不是固定不变的。在特殊情况下，“白”和“红”也构成了反义关系。“红军”和“白军”两个反义词就是以“白”和“红”的反义关系为基础的。“白”与“黑”构成反义关系，“白”与“红”构成反义关系，“红”与“黑”也构成了反义关系。

相对反义词要依靠语言配合才能确定。如“骄傲”的反义词是“谦虚”，但在“我们为祖国的富强而骄傲”中，“骄傲”的含义是“自豪”，所以，这里的“骄傲”的反义词应是“自卑”。

教学中可以采取以下教学方式：

（自制图片：① 笑、哭；② 胖、瘦；③ 高、矮；④ 头发多、少；⑤ 穿长袖、穿短袖；⑥ 睁眼、闭眼）

师：今天我们做个游戏，叫“说相反”。这儿有许多的东西。等会儿请你们去找两样东西，再找找这两样东西里意义相反的地方。请每一位小朋友都将自己找的东西说出来。

规则：① 你找的两样东西里必须有“反义词”朋友。② 别人说过的尽量不说。

（出示图片，鼓励学生找出多对反义词）

师：想想家里、电视里、马路上、教室里还有哪些“反义词”朋友。你们找到后等我说“开始”就站起来，将你想到的告诉大家。

规则：① 你说的两样东西里必须有反义词朋友。② 别人说过的尽量不能说。

教师通过展示图片，让学生更加真实地感受到相对反义词的特殊性，并学会在生活中灵活应用。

反义词可以揭示事物的矛盾，形成意思的鲜明对照和映衬，使语言更加深刻有力。针对小学生想象力丰富的特点，使用图式建构法不仅能帮助学生直观理解反义词的含义，同时也能让学生对反义词有更深层次的体会并将其运用到实际生活中。

三、搭配词——联系相关性的学习图式

搭配词是把词组成短语的练习形式，是组词的引申，对于辨析词义、造句、修正病句都有较大的作用。一个词能与哪些词进行搭配是有一定限制的，换了另外的词就不恰当。例如：“发扬积极作用”中的“发扬”与“作用”搭配不当，应改用“发挥”；“激烈地鼓掌”中的“激烈”与“鼓掌”搭配不当，应改用“热烈”；“学习成绩大大增强”中的“成绩”与“增强”也搭配不当，应改用“提高”；等等。

怎样搭配词语才称得上得当呢？首先，要注意词义搭配必须合乎事理，看一看词的意义适用于说什么事、什么东西或情况，在意义上能不能配合。

如小学语文统编版教材一年级下册《识字——①春夏秋冬》中搭配词的教学：

（出示相关图片，引导学生观察图片，用自己的话说一说图上有什么）

师：春风姐姐吹了一口气，就染绿了大自然；夏天是个急性子，经常会下暴雨；秋天天气变凉，小草和树叶上会结霜；冬爷爷送来了雪花礼物，小朋友们堆雪人，打雪仗，玩得可开心啦！（出示词语卡片，让学生齐读）

师：现在我们来“找朋友”，把“春风”“夏雨”“秋霜”“冬雪”四个词语和相应的图片连起来。

师：（出示“春风吹、夏雨落、秋霜降、冬雪飘”）这四个短语和刚才学习的四个词语有什么不同之处？

师：不同之处是短语比词语多了一个字。这个字都是表示动作的。

（学生再读短语，结合自己的理解配上相应的动作）

师：说说这四个动作的不同之处。

师小结：春风很轻很温柔，所以用了“吹”；夏雨很有力气，从空中往下掉，所以用了“落”；秋霜是因为气温下降才形成的，所以用了“降”；雪花就像快乐轻盈的小天使，在天空中飘来飘去，所以用了“飘”。

考虑词语搭配，不仅要根据意义，还要根据语言习惯。

如小学语文统编版教材二年级上册《识字——①场景歌》中搭配词的教学：

师：小朋友们，你们喜欢旅游吗？今天老师当导游，带大家去几个美丽的地方看一看好吗？还有一群小伙伴也要跟我们一起呢。咱们一起去认识一下他们。

师：从图中你看到了什么？（指名说）

（出示：“一面队旗，一把铜号。一队‘红领巾’，一片欢笑。”）

师：平常我们说“一条红领巾”，这里为什么说是“一队‘红领巾’”？这一队“红领巾”指的是谁？指的是一群小朋友。这些小朋友高举着少先队队旗，吹响铜号，戴好红领巾，欢声笑语地去郊游了。大家是多么高兴啊！你能把这一小节读好吗？（指名读，引导读出高兴、喜悦的心情，要求节奏轻快）

师：出发喽！我们到达的第一个地方是哪里呢？（出示海边景色图片）你看到什么了？（引导学生用自己的话说出事物与量词的搭配）

师：一只雪白的海鸥从海面飞过。无数游客在美丽的沙滩上玩耍。蔚蓝的大海上行驶着一艘威武的大军舰。一条彩色的小帆船在漂浮着。好美丽的海边景色啊！（出示：“一只海鸥，一条帆船。一艘军舰，一处港湾。”）

师：大家看，像一只、一条、一艘、一处这样的词，我们把它们叫作“数量词”。（板书：“数量词”）

师：前面是什么地方？（出示：乡村景色图片）你看到了什么？（学生自由回答）

（出示：“一方鱼塘、一块稻田。一行垂柳、一座花园。”）

师：鱼塘里，小鱼们在快乐地游来游去。花园里五颜六色的花儿正向你们招手呢。这一小节中有哪些数量词？大家找一找，读一读。（图文解释“一方”“一行”的意思）

师：我们已经到了最后一站。（出示公园景色图片）你看到了什么？（引导学生自己用数量词搭配词语）（出示：“一道小溪，一座石桥。一丛翠竹，一群飞鸟。”）这一小节中有哪些数量词，大家找一找，读一读。（图文解释

“一道”“一座”“一丛”“一群”数量词的意思)

总之，搭配词语时，要注意所搭配的事物是不是具有相关的性质和状态，注意动作和行为与它所涉及的事物是不是联系得上。

四、叠词——紧扣重叠性的学习图式

叠词是指两个或两个以上的词语按照一定的方式组合起来的词语。理论上词语的结构为并列、偏正、主谓、动宾、补充。叠词主要分为以下几类：AA 式词语、ABB 式词语、AABB 式词语、ABCC 式词语、AABC 式词语、ABAB 式词语。叠词富于艺术魅力，既可摹声，又可摹色，使表达的意向更加准确，使音律更加和谐，读起来朗朗上口，听起来声声悦耳。这里主要以低年级常见的 ABB 式（如亮晶晶、红彤彤）、AABB 式（如高高兴兴、认认真真）为例。

（一）ABB 式词语

词语教学是小学语文的重要组成部分，是阅读教学的主要内容之一。词语教学包括对词语的理解、积累和运用，要培养学生结合语言环境、联系生活实际理解词语的能力，要求学生对需要掌握的词语做到准确理解，并能在口头和书面语言中运用。如小学语文统编版教材一年级上册《小书包》中“静悄悄”一词的教学：

(出示图片，让学生观察图片的共同点)

师：请同学们认真观察，看看这两组图片有什么共同点呢？

生：一共有三幅图片。

生：图片分成了三组。

师：通过观察我们发现：每组图片由三幅图片组成；每组图片中第一幅图和第二、第三幅图不同；每组图片中第二和第三幅图相同。我们用一个“静”字来代表第一幅图，用一个“悄”字来代表第二、第三幅图。三个字连起来就是一个词语“静悄悄”。像这样的三字词语我们叫它们 ABB 式词语。你能从下面的词语、句子中找到 ABB 式词语吗？

生：我找到了白茫茫。

生：我找到了绿油油、一片片、笑眯眯。

师：ABB 式词语可以分为两大类，一类是事物性状的，另一类是量词。事物性状如颜色、声音、人物外貌和形态、味道、心情、天气等。

师：(出示图片) 你能用 ABB 式词语描述它吗？

生：秋天到了，稻子黄澄澄的。

生：天空蓝湛湛的。

…………

师：在本课中，我们学习认识了 ABB 式词语。希望同学们在课下多多积累，争取做到活学活用。

在小学语文教材上、语文课堂里和语文试卷中，学习和积累 ABB 式词语是一块必不可少的内容。作为语文教师，我们要看到语言的时代性和变动性，譬如电视媒介对词语的影响，喜羊羊、懒羊羊等动画角色名字已经深入人心，无法回避。还有网络媒介对词语的影响，一些网络用语层出不穷：范跑跑、鲁推推、楼脆脆等。假使我们在语文课堂上讲解 ABB 式词语时有孩子提及这些网络用语，我们该怎么办？充耳不闻？视而不见？恐怕都不行。我们必须直面问题，积极引导。语言的学习不只是在课堂上，语言的背后是文化。一个小小的 ABB 式词语、一块并不大的知识点，会让我们产生很多的思考。ABB 式词语的教与学到底有多难？恐怕又应了那句老话：世上无难事，只怕有心人。当我们以热忱之心亲近我们的母语时，当我们以潜心研究的态度走近鲜活的词语时，当我们和孩子一起丰富语言的积累、培养语感、发展思维时，ABB 式词语的教学也就自然而然得心应手了。

（二）AABB 式词语

教材注重对学生综合素质的培养。课文从字词的认识到字词的特点，再到字词的运用，循序渐进，潜移默化地感染学生。由于低年级学生处于认识词语的起步阶段，对 AABB 式词语缺少最起码的认识和了解，我们在教学实践过程中，从生活实际出发对 AABB 式词语进行了简单讲解，接着通过创设情景、先析后写、巩固练习三个教学步骤，引导学生从内容和格式两大板块步步深入，认识并学会写 AABB 式词语。

如小学语文统编版教材二年级下册《一匹出色的马》中“葱葱绿绿”一词的教学：

（出示：“路的一边是田野，葱葱绿绿的，非常可爱，像一片柔软的绿毯。”）

师：朗读时要边读边想象，长长的小路，一边是小河，一边是葱葱绿绿的田野，置身其中，定然会被文中的“小路”和“田野”深深吸引。

师：观察“葱葱绿绿”这个词语，你有什么发现？

生：前两个字一样，后两个字一样。

师：我们把第一个字叫作 A，第三个字叫作 B。前两个字相同，后两个字相同的这种格式的词语就是 AABB 式词语。

师：老师这里还有几组 AABB 式词语。大家一起来读读。

生：安安静静、端端正正、高高兴兴……

师：那你们能把这些词语变成 AABB 式词语吗？

（出示二字词语“开心”“忙碌”“雪白”）

生：开开心心、忙忙碌碌。

生：“雪白”不能变成 AABB 式词语。

师：同学们真棒！找到了 AABB 式词语的规律。

师：那么我们回到课文中的“葱葱绿绿”。你读出了什么？

生：从葱葱绿绿可以看出草长得非常茂盛。

师：你觉得这样的词语有什么好处呢？

生：让我觉得草特别特别绿，不是一般的绿。

师：是的，AABB 式词语使事物特点更鲜明，而且前后对称，整齐，体现出语言的韵律美。

师：课文中还有其他 AABB 式词语吗？

生：“妹妹高兴地跨上‘马’，蹦蹦跳跳地奔向前去。”这句话里有“蹦蹦跳跳”。

师：从这个词语中你感受到了什么？

生：我感受到妹妹心情很好，非常高兴。

师：生活中我们也经常用到 AABB 式词语，有什么需要注意的吗？

生：AA 和 BB 的词语位置不能交换，比如“高高兴兴”不能说成“兴兴高高”。

师：非常好！相信通过今天的学习你一定掌握了 AABB 式词语。

学生在语文学习中会遇到更多的词语。教师要引导学生把词语运用到具体语境中，联系生活实际，学以致用，这样会使学生的语文水平大大提高。

词语教学应渗透在知识传授、能力培养、思维训练和情感熏陶上，真正实现工具性和人文性的和谐统一。词语教学的终极目标就是运用，所以，在词语教学中，教师不仅要让学生正确认读，正确理解，丰富积累，更重要的是还要让学生灵活运用，培养学生的运用意识。这样既有助于学生对字词的理解，又能促进学生其他能力与素养的形成，开拓学生的思维，培养学生的语感，激发学生的兴趣，让学生感受到祖国语言文化的灿烂。

第三节　关于造“句”的学习图式

小学语文句子教学为语文阅读、写作教学提供基础知识的支撑，培养学生的综合能力，将图式理论与句子教学相结合，符合小学低中学段学生的思维水平和认知发展规律，不仅有利于学生习得句法概念和规则，也有利于学生优化认知结构，转变思维方式，培养创造性思维。句子教学重视对优美的句子的积累，提升学生对句子的审美情趣。同时以学生为本，遵循学生年龄特征，适应教材，为提高低中学段语文教学效率提供新思路。一般来说，“句”的学习的基本模型如图 4-4 所示。

句的构成 ——追溯活动，语句完整
连词成句 ——辨析区分，语句通顺　→ 理解区分、巧妙转换、迁移运用
联系生活 ——情境体悟，语句新颖

图 4-4　“句”的学习基本模型

一、句的构成——语句完整的学习图式

语文课程是一门学习国家通用语言文字运用的综合性、实践性课程。这一性质将语文课程的目标和内容直接聚焦于学习国家通用语言文字运用。教师要依据语言表达规律和学生语言学习规律，构建一个基于“学习国家通用语言文字运用”的教学体系，让学生在丰富多彩的语言运用中，发展语言能力，提高语文素养。

师：谁的胸前戴着红领巾？

生：小明。

师：（老师觉得学生的回答语句不完整，缺少谓语，便追问）小明怎么啦？

生：胸前戴着红领巾。

师：（老师仍然觉得学生的回答语句不完整，缺少主语）谁的胸前戴着红领巾？

生：小明。

师：应该说“小明的胸前戴着红领巾”才完整。

类似的问答在低年级课堂上常常可以听到。小学一年级的学生正处在学

习语言文字的起步阶段。有关语言文字规范的教育和熏陶应该始于学生正式开始识字时。有经验的教师会发现，一年级学生在回答问题时总是喜欢一个词一个词地往外"蹦"，他们没有"句"的概念，也没有把话说完整的意识。教师除了要不断强化整句的概念外，还可以在潜移默化中渗透"句"这一表达的基本单位。在一般情况下，一个完整的语句，应具备主语、谓语两部分。但在有些情况下，特别是在人们的对话中，答话者可根据问话的内容，在答话中省略主语或谓语。

小学低年级学生遇到的句子是由词或词组构成的，是具有一定语调并表达一个完整意思的语言运用单位。小学语文低年级统编版教材中，没有具体的、系统的关于句子构成的学习内容，但是日常教学内容中已经涵盖了学生所应该认知、熟知的相关句子构成内容。其中，学生接触最多的句子基本结构一般是主谓宾或主谓结构。

主谓宾结构举例：

我　　是　中国人。

主语　谓语　宾语

主谓结构举例：

春风　　吹。

主语　谓语

在低年级学段就给学生普及有关句子构成的相关内容，能够帮助学生结构化地了解句子内容，对其今后对"段""篇"的学习有很大帮助，甚至对跨学科（英语）学习也有很大帮助。

（一）主语

主语是一个句子中所要表达、描述的人或物，是句子叙述的主体，可由名词、代词、数词、名词化的形容词、不定式、动名词和主语从句等来承担。

如小学语文统编版教材一年级上册开篇《我是中国人》中的"我"字，就是常见的主语，进而《天地人》让学生初识了"我"，课文《影子》让学生学会了写"我"。尽管识字、写字是低年级学生的主要任务，但每个文字的内涵与作用也是可以提前了解的。

如在小学语文统编版教材一年级上册《影子》的教学中，教师重点剖析"我"的内涵与作用，让学生对句子构成中的主语有了初步了解。请看教学片段：

师：（出示本课生字："在、后、我、好"）小朋友们学写了"在"

“后”“我”“好”四个生字后，能说说最喜欢哪个字吗？为什么？

生：我喜欢“好”字，因为我想当一个好学生，当一个好人。

师：我也喜欢“好”，我想做一名好老师！还有吗？

生：我喜欢“我”字，因为我发现，每个人都可以自称“我”，它的用处最大！

师：你的角度真特别，能具体说说吗？

生：可以。比如说，这是我的铅笔（生拿起铅笔向大家展示），我的同桌也可以说“这是我的铅笔”（同桌也拿起铅笔向大家展示）。一句同样的话代表着不同的意思。每个人都是“我”。

师：有意思！谁再来补充？

生：老师，我来补充。“我”字的作用特别大，很多句子的开头都是“我”，比如，我的前边是小红。我的左边是小王。我的后面是小李……还有很多呢！

师：太棒了！现在请和同桌一起说几句以“我”字开头的句子，开始吧！

（学生互说句子，教师巡视并指导）

师：小朋友们说得可真认真！老师听得也很仔细。你们都是一位位“造句小能手”！小朋友们，再想想，除了“我”字以外，还有哪些字也和“我”的作用一样大？

生：我知道，“你”“他”“她”也一样，作用很大。

师：像这些字，它们在句子中有一个名称，叫作主语，是句子的主体。小朋友们请看黑板，谁能找出这些句子中的主语？（出示若干句子，如“我是一名小学生”“小狗在叫”等）

（学生交流）

师：同学们找得真准！看来只要找准句子的主体，你就能准确找到这个句子的主语。大家都是火眼金睛呀！

鉴于小学低年级学生的认知能力水平，教师让学生在交流中发现并初步识得句子主语的内容，用通俗易懂的几个简单句子来教学，能让学生迅速了解主语的内涵与作用。

（二）谓语

谓语用来说明主语做了什么动作或处在什么状态。谓语可以由动词来担任，一般放在主语的后面。谓语是用来陈述主语的，即对主语加以判断、说明、描写的部分。大多数实词都可以做谓语，动词和形容词也可以做谓语。

单独的动词、形容词很少做谓语，一般都要附加或连带别的词语。名词做谓语仅限于说明天气、日期、节气、处所、职业等相对简短的句子。如小学语文统编版教材一年级下册《识字——①春夏秋冬》中的短语教学内容涵盖了谓语的基本内涵。请看教学片段：

师：(出示短语) 谁来读一读这些短语？

(生读)

师：小朋友们朗读的节奏把握得真好。现在，请拿出铅笔圈画短语中的动词，说说春风、夏雨、秋霜、冬雪是怎么来到人们身边的。

(学生圈画动词)

师：谁来交流？

生：老师，我圈出了“吹”“落”“降”“飘”。

师：也正确圈出这四个动词的同学请举手。你们都找准了！谁来读好这几个字？

(生读)

师：这四个字都是动词。谁来当小老师教教大家如何记住这几个字？

生：老师，我知道，既然是动词，我们结合动作来识记。

师：你能来做做动作吗？请同学们边读边配上动作。

(生朗读并配动作)

师：做完动作，想必大家对这几个动词都有了深刻的了解。“吹”要用上“口”。结合动作，发现夏雨是从天上落下来，所以“落”是上下结构。结合动作，发现“降”字和“落”字的意思相近，所以这两个字可以放在一起变成一个词——“降落”。还有“飘”字，结合动作，发现雪轻轻柔柔的，一会儿飘到东，一会儿飘到西，这都是“风”的功劳（出示“飘”，凸显“风字旁”）。

师：我们再来合作读一遍。准备好了吗？

(师生一边拍手，一边合作读)

师：什么吹？

生：春风吹。

师：什么落？

生：夏雨落。

师：什么降？

生：秋霜降。

师：什么飘？

生：冬雪飘。

师：同学们，这些动词出现在句子里，还有另外一个名称，叫作谓语，谓语是用来说明主语做了什么动作或处在什么状态。我们现在所学的谓语一般由动词来担任，放在主语的后面。我们之前学习了句子的主语。“春风吹”中，主语是？谓语是？

生：“春风吹”中，主语是“春风”，谓语是“吹”。

师：答对了！聪明！再来看下面几个词串。（出示：“鱼出水、鸟入林”）谁来说说这两个词串中谓语是？

生：“鱼出水”的谓语是“出”，“鸟入林”的谓语是“入”。

师：其他小朋友同意吗？

生：同意！

师：同学们掌握得很扎实。

教师鼓励学生运用已学的识字方法进行自主识字。根据生字的特点分类教学，突出难点。借助动作演示并落实四个动词，巧妙地将生字的音、形、义结合。之后再逐步引入谓语的初步学习，层层递进，使学生学得轻松、记得准确。

（三）宾语

宾语是动作的对象或承受者，常位于及物动词或介词后面。宾语可由名词、代词、数词、名词化的形容词、不定式、动名词、宾语从句等来担任。动词及动词性词组也能做宾语，但对谓语动词有要求。小学低年级阶段对此不做特别要求。如小学语文统编版教材一年级上册课文《四季》的教学，清晰明了地让学生了解到名词做宾语的基本形式，也让完整句式在学生心里留下深刻印象。请看教学片段：

师：课文中哪段描写的是春天的景色呢？

生：第一段。

师：老师有一个问题，什么是草芽呢？和小草有什么不一样呢？

生：刚发芽的小草。

师：（出示图片）对，你看，刚发芽的小草尖尖的，上边小，下边大，这就是“尖”。

师：那你觉得应该怎么读“草芽尖尖”这句话呢？

生：要读得有活力，要生动、活泼。

（生齐读）

师：接下来请同学们做做小侦探，仔细观察，看看这个词有什么特别的地方？（提示叠词）还有什么是尖尖的？

（学生自由说，师出示图片）

师：春风一吹，尖尖的草芽就迫不及待地从地下探出头来，它们是春天的使者（师做动作提示）。小草芽们，你们在哪里呢？哇，这么多的小草芽啊。你们想对小鸟说什么呢？

（生畅所欲言）

生：小草芽从土壤里钻了出来。人们看见大地变绿了就知道春天来了。小草芽心里真自豪呀！

师：谁能来自豪地读读这句话？

（生个别读、齐读）

师：同学们能不能做回小诗人，自己来编几句诗呢？老师提醒大家，可以用我们之前说过的桃花红红等短语哦！（出示：“例：桃花红红，他对小河说：‘我是春天。’（　　）（　　），他对（　　）说：我是春天。”）

师：自学完了“夏”“秋”“冬”部分，我们再来当当小诗人，仿照第三、四小节，说一说。

（出示：“落叶飘飘，他跳着舞说：‘我是秋天。’落叶翩翩起舞，她温柔地说：‘我就是秋天。’（　　），他（　　）说：‘我是（　　）。’”）

（生交流回答）

师：同学们，我们学习了“春天”“夏天”“秋天”“冬天”等词语，这些词属于名词，还记得吗？在句子中，名词可以作为主语放在句子的开头。在今天的句子中，这些词是作为主语出现的吗？

生：不是，他们不是出现在句子开头。

师：可以这么解释。有补充吗？

生：这里的“春天”“夏天”“秋天”“冬天”不是这几句话的主体，所以也不是主语。

师：你记得真清楚！是的，这几个名词在今天的课文里并不是主语，而是宾语。在这里，“是”是谓语，跟在谓语后面的就叫作宾语。可以作为宾语的一般是名词、代词、数词等。这节课我们学习的名词最为常见。谁来说几句宾语是名词的句子？

生：我爱爸爸。

生：我喜欢铅笔。

名词一般做主语和宾语，所以在学生初识宾语时，教师先不指明主语和宾语的差异，而是让学生通过品读、造句来区分名词做主语和宾语时的不同之处。庆幸的是，学生对于主语的学习还是比较深入的，从而易区分句子中的宾语，不会错将名词全当主语来处理。

构成句子完整性的成分还有很多，有用于描述名词、代词、短语或从句的性质、特征范围等情况的定语，有说明事物发生的时间、地点、原因、目的、结果方式、条件或伴随情况、程度等情况的状语，有补充说明结果、程度、趋向、可能、状态、数量等的补语……在此，根据小学生低年级阶段的认知水平和能力要求，教师可不重点剖析，只在遇到时用通俗易懂的话来解释。

小小的句子，魅力无限。只要每一位教师善于动脑，敢于思考，活用教材，教材的每一个角落都会是学生学习造句的天地。

二、连词成句——语句通顺的学习图式

连词成句是低年级学段经常遇到的一个重要知识点，是把顺序错乱的词语根据逻辑关系重新排列，组成一个意思完整且通顺的句子。所得句子要保证形式和内容都正确而且阅读顺畅。

连词成句的题目一般会给出几个不同的词语，然后要求学生将这几个词语连成一段话。给出的词语的关联性决定着题目的难易程度。在一般情况下，给出的词语彼此相关联，题目就比较简单；给出的词语看不出明显的关联性，这样的题目就比较有难度。面对连词成句题目，第一步就是要先找出各个词语的特点。找特点时需要运用发散性思维，进行合理的联想。

（一）谁（什么）是什么

如小学语文统编版教材一年级上册汉语拼音 12《an en in un ün》中的儿歌《家》，包含了连词成句的基本句式“谁（什么）是什么”。请看教学片段：

师：老师把字词宝宝的顺序打乱了，你们能把它们送回家吗？（出示：“白云、蓝天、是、家、的”）同学们先来读一读这些字词。这里出现了两个名词“白云”和“蓝天”，还有一个字“家”。我们想到了白云是存在于蓝天之上的，所以我们可以说谁是谁的家？

生：蓝天是白云的家。

师：你们成功地帮助字词宝宝找到了家，真棒！（出示：“蓝天是白云的

家”）大家再来看一看，这个句子现在完整了吗？

生：不完整，少了一个句号。

师：你们观察得真仔细，一句完整的句子可不能少了标点符号。老师再来考考你们，下面这些词语该怎么排序。

1. 树林　小鸟　是　家　的

2. 鱼儿　小河　家　的　是

3. 种子　泥土　的　家　是

师：记住我们刚才的方法，先找到两个名词，再来联想一下它们的关系。谁来试一试第一句？

生：名词是“树林”“小鸟”和“家”。小鸟住在树林里，所以这个句子是“树林是小鸟的家”。

师：说得真好。谁来试试第二句？

生：第二句的名词是“鱼儿”“小河”和“家”。鱼儿住在小河里，所以这句话是“小河是鱼儿的家”。

师：太棒了。谁来试试第三句？

生：这一句的名词是“种子”“泥土”和“家”。种子睡在泥土里，所以“泥土是种子的家”。

师：同学们回答得太棒了。看来大家都掌握了“谁（什么）是什么”的句式。下面，我们增加难度，来看看这组字词。（出示：“花朵　我们　的　祖国　是”）

生：这组中的名词是“祖国”和“花朵”。谁是祖国的花朵？是“我们”，所以这个句子是“我们是祖国的花朵”。

在教学过程中，教师让孩子们找出句子中的名词。学生再通过联想，联系生活实际，一下子就理清了词语之间的关系，把句子排列通顺。接着，教师运用例句，让学生找到排列的规律，掌握连词成句的方法。

（二）谁（什么）怎么样

如小学语文统编版教材一年级上册《雨点儿》这篇课文中，就涉及了“谁（什么）怎么样”这样的句式。请看教学片段：

师：（出示：“从、雨点儿、飘落、云彩里、下来”）这些字词宝宝很贪玩，迷路了。我们一起来帮助这些字词宝宝找到回家的路，把它们排列成一句完整的话。我们先来找事物名称。可以做主语的是？

生：雨点儿。

师：它可以放在句首，那雨点儿怎么样了呢？我们找到它的动作“飘落下来”。

师：雨点从哪里飘落下来？

生：从云彩里。

师：所以这句话应该怎么排列呢？

生：雨点儿从云彩里飘落下来。

师：同学们掌握了吗？我们一起来看看例句。

1. 苹果　树上　又大又红　的

2. 花儿　的　公园里　开放了

3. 小狗　这只　可爱　真

生：第一句的主语是“苹果”，苹果是长在树上的，所以是“树上的苹果”。树上的苹果怎么样？树上的苹果又大又红。

师：说得真好。看来你已经学会这种排列方法了。谁来试试第二句？

生：这一句的主语是“花儿”。哪里的花儿？公园里的花儿。公园里的花儿怎么样了？公园里的花儿开放了。

师：真不错。谁来试试最后一句？

生：主语是“小狗”。哪只小狗？这只小狗。这只小狗怎么样？这只小狗真可爱！

在本课的教学中，教师让学生先读字词，再找主语，确定好主语后，说一说谁怎么样。通过这样的方式，让学生掌握句式规律。最后，学生通过句式练习，达到复习巩固的目的。

（三）什么时候，谁—怎么样地—干什么

如在小学语文统编版教材一年级上册课文《秋天》教学中，教师通过“秋天，一群大雁排着队往南飞”这一句式，展开了连词成句句式教学。请看教学片段：

师：（出示：“大雁、秋天、往南飞、排着队、一群”）请同学们读一读这些字词。这些词语中有一个表示时间的词语“秋天”。表示时间和表示地点的词语一样，放在句首作为时间状语或地点状语。这个句子符合“什么时候，谁—怎么样地—干什么”的句式。这里需要注意的是，这里有两个动词“飞”和“排着队”。对于两个表示动作的词，我们要搞清楚先后顺序。针对这个句子，大雁们是先“排着队”再“飞”的。所以这一句的排序是？

生：秋天，一群大雁排着队往南飞。

师：答对了，我们再来看几句例句。

1. 我　早上　上学　来　背着　书包

2. 妈妈　周末　高兴地　我　和　去公园玩

3. 放学后　像　飞出教室　我　小鸟　一样

师：谁来说说第一句？

生：第一句的时间是“早上”。主语是“我”。句中有两个动词“背着”和“上学”。要先背着书包，再去上学，所以这句话是“早上，我背着书包来上学”。

师：你做题真细心，没有漏掉“来”这个字。谁来试试第二句？

生：第二句的时间是“周末”。句中有两个主语“我”和“妈妈”。怎么样地干什么？高兴地去公园玩。所以连起来就是“周末，我和妈妈高兴地去公园玩”。

师：说得真棒。谁来试试最后一句？

生：第三句的时间是“放学后”。主语是“我”。“我”怎么样？“我像小鸟一样”。干什么？“飞出教室”。所以连起来是“放学后，我像小鸟一样飞出教室”。

师：同学们回答问题时语言流畅，思路清晰。看来大家已经掌握这一句式的排序方法了。

在本课的教学中，教师把句子分成什么时候、谁、怎么样地、干什么四个部分，引导学生找出各部分的内容，再一步一步把句子排列通顺。在例句的练习中，教师请学生来当小老师，给同学们讲解例题的做法，使学生达到把句子说完整、说通顺的学习目标。

三、联系生活——语句新颖的学习图式

（一）修辞手法的运用

想要语句新颖，修辞手法在文本的构建中具有不可或缺的重要作用。要想让文章的语言生动起来，远离枯燥，使人读之顺口、听之悦耳、品之有味，就要在“辞气”上下些功夫，而修辞就是给语言增色添彩的催化剂。小学阶段经常使用到的修辞手法有比喻、拟人、排比、夸张、对偶、设问等。下面就重点说说低年段中常见的比喻、拟人和排比。

1. 比喻

在小学语文课本中，比喻这种修辞手法随处可见。比喻就是抓住两种不

同性质的事物的相似点，用一事物来喻另一事物，也就是打比方，用浅显、具体、生动的事物代替抽象、难理解的事物。运用比喻，能够将表达的内容说得更加生动形象，给人以鲜明深刻的印象，学生对文本的理解也能更加深入。

如在小学语文统编版教材二年级上册《黄山奇石》的教学中，教师就抓住了文中对几块奇石的描写，带领学生一起领悟比喻这种修辞手法的妙用。请看教学片段：

师：课文介绍了很多奇石。让我们先来看看第一块奇石猴子观海（出示猴子观海图）。课文是怎样写这块石头的呢？

（学生找出相关句子，朗读）

师：课文这几句话写得怎么样？小组讨论一下。

生：这几句话写得很好，写得更具体了。

生：这几句话把怎样的猴子、在哪儿、在干什么都写得很具体。

师：那请同学们看图，你觉得猴子在干什么？

生：猴子在看海。

生：猴子蹲在山上看海。

生：猴子蹲在山上一动不动地看着翻滚的云海。

师：对！作者通过观察，将石头比喻成猴子，并且抓住了石猴的动作，就把石头写活了。你们觉得这块石头怎么样？

生：我觉得这块石头很奇特。

生：我觉得这块石头很有趣。

生：我觉得这块石头真可爱！

师：正如你们所说，这块石头的确奇特、有趣，甚至是可爱！

在教学中，教师牢牢抓住黄山奇石与“猴子”的相似之处，引导学生自己去发现、去比较、去感悟，从而体会比喻这种修辞手法的妙处，使学生对文本的认识和理解更加深刻。

2. 拟人

拟人手法就是把物当作人写，赋予物以人的外表、动作、思想或情感的修辞手法。这种手法使具体事物人格化，语言更加生动形象。小学生的认知能力不足，思想稚嫩，对世界认识还很少，所以小学语文教材中收录了大量的儿童文学作品。它们运用拟人的修辞手法，吸引孩子的兴趣，帮助他们更好地体会和了解这个世界。

如在小学语文统编版教材一年级下册《树和喜鹊》的教学中，教师引导学生将树和喜鹊当作人来对待，以此体会他们的情感。

师：同学们请看这句话。(出示：“从前，这里只有一棵树，树上只有一个鸟窝，鸟窝里只有一只喜鹊。”) 你有什么感受？

生：我觉得树和喜鹊很孤单。

师：为什么你会有这样的感受呢？

生：因为这里只有一棵树，只有一只喜鹊。

师：是呀，除了这棵树，再也没有第二棵树了。除了这只喜鹊，再也……(引导学生回答)

生：再也没有第二只喜鹊了。

师：那你在什么时候感觉很孤单呢？谁能用这样的句式来说一说？(出示：“当________________时，我感到很孤单。”)

生：当爸爸妈妈不在家时，我感到很孤单。

生：当我一个人写作业时，我感到很孤单。

生：当没有小朋友跟我一起玩时，我感到很孤单。

师：看来小朋友们对孤单都有过深刻的体验，那你们能读好课文第一、二自然段，读出树和喜鹊的孤单吗？

在本课的教学中，教师充分利用文中拟人化的修辞手法，将树和喜鹊都当作人来看待，并且让学生联系现实生活，充分体会到一开始树和喜鹊都非常寂寞、孤单。

3. 排比

排比是由三个或三个以上结构相同或相似、内容相关、语气一致的短语或句子组合而成，表现为同一词语重复出现在各个短语或句子的同一位置上。其作用在于加强语势，强调内容，加重感情。

如在小学语文统编版教材一年级上册《比尾巴》的教学中，教师抓住文本特点，通过设置问题“这几句话有什么一样的地方吗？”，带领学生去探寻排比句的句式特点，在学生心中埋下排比这种修辞手法的种子。请看教学片段：

师：第一自然段小朋友们已经会读了。你们发现这几句话有什么一样的地方吗？

生：它们都有“谁的尾巴”。

师：对呀，它们的开头都是一样的。

生：每一句的后面都有一个同样的问号。

师：哦，这个像小耳朵一样的符号叫问号。这种有问号的句子，我们把它叫作问句。在读这种句子的时候声音就要扬起来。我们一起把这三个问句读一读吧！

（生齐读第一自然段）

师：小朋友们，第一自然段的这三句话都以“谁的尾巴”开头，并且都是问句。像这样句式差不多的三句话放在一起，就像三位好朋友，我们叫它们“排比句”。

师：有问就有答。咱们把比赛的项目弄清楚了，到底谁是比赛的冠军呢？小朋友们快速在书中找出答案。谁来说一说？

生：猴子的尾巴长。

师：你把“长”这个冠军奖给猴子了。小猴子得了一个冠军可高兴了。你瞧它抓抓自己的脑袋，对你说谢谢呢！还有谁来？

生：兔子的尾巴短。

师：瞧，小兔子的耳朵竖起来了。它在说“你真棒”。

生：松鼠的尾巴好像一把伞。

师：那我们就一起把这个结果宣布一下。

（生齐读前三个比赛项目的结果）

师：现在所有的动物都知道结果了。同学们再来看看第二自然段的三句话。这次你有什么发现吗？

生：它们的开头不一样了。

生：没有问号了，都变成句号了。

师：小朋友们真会观察。这三个句子呀，开头确实不一样了，但都是在写谁的尾巴怎么样。“猴子的尾巴长。兔子的尾巴短。松鼠的尾巴好像一把伞。”这三句话不仅都是在写尾巴，而且读起来很顺，朗朗上口。这三句话又构成了排比。好，我们连起来，把两组排比句再读一读吧。（出示第一、二自然段）

《比尾巴》这篇课文通过三问三答的对话形式，介绍了六种动物尾巴的特点。全文多处运用排比的修辞手法，读起来朗朗上口。简明易懂、富有儿童情趣的语言不但能激起学生朗读的欲望，还能引起他们观察小动物的兴趣。

修辞手法的运用是对语言的再加工，是为了美化语言，使语言熠熠生辉。在小学语文教学中我们要善于发现并品析课文中修辞手法的妙处，引领学生体会各种修辞的特点及表达效果，从而更好地理解课文内容，深化感悟。

（二）句式转换

句式转换也能让语句更加新颖。

1. 把字句与被字句

小学中低年级学生已具备一定的语文学习能力，有一定的语文知识基础，因此，对其听、说、读、写能力的要求就相应有所提高：不仅能通顺流利地表达自己的内心想法，还应学会运用一定的句子转换技巧使文章增色。教师可以结合学生特点设计教学，让学生学会正确地转换把字句与被字句，提高自己的语言表达水平。

如教师在教学中自行设计的练习“把字句与被字句的互换”的教学片段：

师：这节课我们主要来学习把字句和被字句的转换。以往经常有同学在把字句和被字句的互换中闹出一些笑话。比如：将“同学们把教室打扫干净了”改为“同学们被教室打扫干净了”，将“我把西瓜吃了”改为“我被西瓜吃了”。怎样才能避免笑话呢？那就让我们一起来了解把字句和被字句的模式吧！

首先来看把字句和被字句的组成。

把字句的格式：谁把什么怎么样或什么把什么怎么样。

例：妈妈把衣服洗干净了。

即：把字句=A+把+B+动作部分。

被字句的格式：什么被谁怎么样或什么被什么怎么样。

如：衣服被妈妈洗干净了。

即：被字句=B+被+A+动作部分。

比较把字句和被字句，找方法。

“把字句”和“被字句”的互换方法：

① 首先找出句中的“谁（A）”和“什么（B）”，将A与B交换位置。

② 再将“把”和“被”互换。

③ 表示动作部分照抄即可。

在教学中教师主要讲了把字句和被字句的组成，归纳了把字句和被字句的互换方法，并通过比较把字句与被字句，总结出被字句与把字句转换的方法，让学生准确地改写句子。

语言的学习虽然没有捷径却也并不复杂。日常生活中的情景教学最富成效。把字句也好，被字句也罢，如果想让有一定语言基础的学生学着运用，就可在与学生互动的过程中密集地使用它们，表达时注意抑扬顿挫，拉长关键字的音调帮助学生建立语感。

2. 陈述句与反问句

陈述句改反问句是小学语文教学中一种较为重要的句式训练。在进行改句时，学生常把意思改反，这除了因为学生没有很好理解原句的意思外，还因为学生没有找到有效的方法。在教学中，教师可以通过分析陈述句与反问句的特点，让学生掌握陈述句改成反问句的方法，做到举一反三。

如教师自行设计的专项练习“陈述句、反问句句型转换”的教学片段：

师：陈述句和反问句非常想和大家做朋友。瞧，这对兄弟给我们带来了自我介绍。（出示陈述句和反问句的定义）

陈述句：用来说明一个事实，句末用句号表示的句子。例：没有水，就没有生命。

反问句：用疑问的句式表达肯定的观点，句末用问号表示。例：没有水，难道会有生命吗？

师：看了他们的介绍，认识了这对小伙伴，你发现了什么？

生1：两个句子表达的意思是一样的，但句式不同。

生2：反问句比陈述句的语气更强烈，能增强表达效果。

生3：反问句是一种明知故问的句子，答案在句子中。

师：看来大家的语感真不错，能够体会出句子的表达效果。

师：如何将反问句改为陈述句呢？老师给大家带来了改写秘诀——“一去二改三变”。

一去：去掉反问词（如“难道”“吗”“怎么”“呢”……）和语气词。

二改：把“？”改为“。”。

三变：把肯定的意思变为否定的意思，把否定的意思变为肯定的意思（如：“怎能”改为“不能”，“不正”改为“正是”）。

师：让我们来练习一下吧！

师：别人能办到的事，难道我们就不能办到吗？

生：别人能办到的事，我们也能办到。

师：我们怎么能忘记老师的恩情呢？

生：我们不能忘记老师的恩情。

师：陈述句改成反问句刚好与之前的练习相反。你们能试着给它编口诀吗？（指名说）

生：一加，在陈述句中加上反问词和语气词，如“难道……吗”“怎能……呢”。

生：二改，把“。”改为“？”。

生：三变，把肯定的意思变为否定的意思，把否定的意思变为肯定的意思（如：“怎能”改为“不能”，“正是”改为“不正”）。

师：现在，你学会互改陈述句和反问句了吗？让老师来考查一下你们的水平吧！

师：你难道没有听到石头里也有生命的呐喊吗？

生：你应该听到石头里也有生命的呐喊。

师：犯了错误就不敢向老师、同学承认，这不是一个少先队员应有的态度。

生：犯了错误就不敢向老师、同学承认，这难道是一个少先队员应有的态度吗？

陈述句、反问句的互换是小学语文教学中一种较为重要的句式训练，也是对学生进行语感培养的一种重要形式。随着课文的学习，学生对反问句有了一定的了解，而本节课的教学目的主要是教会学生陈述句与反问句互换的方法与规律，为学生今后学习语文打下良好的语感基础。

“难道你今天不去上学吗？”说话者想表达的意思是“你今天应该去上学”。像这种有反问词的反问句，学生一般很容易判断，在变换句式时，不用多想就可以将说话者要表达的肯定或否定的意思表达出来。但是有的反问句中并没有出现反问词，看起来很像疑问句，因此在变换句式时，有些学生就不知所措了。其实判断该句式是否反问句，是要看说话者要表达的意思。该句式最显著的特点是“只问不答，问中有答”。

比如，小学语文统编版教材三年级上册《花的学校》中有这样两句话：“你没有看见他们怎样地急着要到那儿去吗？你不知道他们为什么那样急急忙忙吗？”这两句话的反问词并没有出现，但结合上文“你可知道，妈妈，他们的家是在天上，在星星所住的地方”和下文“我自然能够猜得出他们是对谁扬起双臂来，他们也有他们的妈妈，就像我有我自己的妈妈一样”我们就不难理解，作者在这里的问句中是只问不答、问中有答，强调“你应该看见他们怎样地急着要到那儿去，你应该知道他们为什么那样急急忙忙”。因此，这两句都是反问句，变换句式时也应该按反问句变陈述句的方法来变换。

3. 直接引述句与间接转述句

在小学语文教学中，直接引述句与间接转述句是一个非常重要的内容，它对于小学生弄懂人称，自由运用直述和转述来表达自己的想法具有重要作用。

如在自行设计的专项练习“直接引述句与间接转述句的转换”中，教师将课内与课外练习巧妙结合，讲解了这一知识点：

师：同学们，汉语真是奇妙的语言，同一个意思往往有不同的表达方式。比如，引述别人的话有两种方式。一种是使用引号引出人家的原话，叫作直接引述；另一种是用自己的话把人家的话转述出来，叫作间接转述。这节课我们就来学习，如何把直接引述句改为间接转述句。

① 改变标点：把提示语前的冒号改为逗号。

② 改变双引号内人称代词：把第一人称“我”改为“他（她）”；其他人称，指代谁就写谁的名称或称呼。

③ 把表示直接引用的双引号删去。

师：例如把直接引述句“他们异口同声地说：‘我们要认真学习。’”改为间接转述句就是？

生：他们异口同声地说，他们要认真学习。

师：如果提示语在中间或在句末，我们要先把提示语调整到句首，再按以上方法进行改动。“‘我家乡在美丽的高州。’小明说。”这句话改为间接转述句是什么样？

生：小明说，他家乡在美丽的高州。

把直接引述句改为间接转述句一般用上面的方法，但是遇到一些特殊的句子，就得注意。

师：人称指代不明时可以用“某某叫某某做什么”的格式改写。如“老师对小明说：‘你把作业抱到办公室去。’”这句话应怎么改呢？

生：老师叫小明把作业抱到办公室去。

还有些句子的双引号中是反问句。我们要先把反问句改成陈述句，再把句子改为间接转述句。

师：“我对着父亲说：‘那个拉车的怎么能光着脚拉着车在路上走呢?’”这句话改成陈述句是什么样?

生：“我对着父亲说：‘那个拉车的不能光着脚拉着车在路上走。’”

师：很好。再把它变成转述句。

生：“我对着父亲说，那个拉车的不能光着脚拉着车在路上走。”

师：通过学习，我们掌握了直接引述句改为间接转述句的方法。下面请同学们拿出纸和笔，按照刚才学习的方法检测一下自己吧!

① 闰土告诉我：“走路的人口渴了摘一个瓜吃，我们这里是不算偷的。”

② 李东高兴地说：“我从网上查到诺贝尔物理学奖获得者拉曼的资料了。”

③ 老师解释说：“梦里飞行，说明你们是在长身体呀!”

④ 温迪告诉我：“妈妈，我真为你为外公所做的一切感到骄傲。”

直接引述句改成间接转述句是一大教学难点。教师在教学中没有讲得太深奥，降低了难度，在进行训练的时候，找的句子也没有太复杂，并且重视学生在语境中学习。直接引述句改成间接转述句的关键在于找准转述的人，哪个人转述，转述给谁听。只有在具体的语境中体会才能保证转换的准确性。

抓住时机，让学生在具体的语境中学习，学生对句型转换的掌握和运用就一定会有意想不到的效果。以“被字句”为例。吃饭的时候，最小的一个孩子一边狼吞虎咽，一边忙着点菜：“老师，我要吃虾、青菜、肉……”每当她一口吃掉一种菜品时，教师就凑近她说：“啊呜一口，一只虾被我吃掉了!”“啊呜一口，一棵青菜被我吃掉了!”“啊呜一口，一块肉被我吃掉了!”……

总而言之，小学语文教师要正确认识语文教学中生活化理念的科学性。小学语文的教学离不开生活化理念的融入，离不开生活中丰富资源的结合，离不开学生在现实生活中认真的观察和体味，也离不开教师积极的价值观的引导及丰富的教学内容的呈现。

第四节　关于理“篇”的学习图式

篇章阅读是小学语文的重要组成部分，贯穿于整个小学学段，是语文教学中最重要且最复杂的教学板块。小学语文教学必须要让学生充分阅读，做到读有所感，这样才能实现情感熏陶，发挥语文教学的育人功能。基于以上情况，篇章阅读就更加考验小学生的阅读能力、理解能力和表达能力。学生既要在阅读中体会情感，学会概括段落大意，又要学会分层整理文章内容，体会修辞手法在文中的具体作用，学生的学习难度自然就大大提升了。而图式理论的出现为传统以篇章为中心的阅读教学活动转变为以读者为中心的阅读教学活动提供了有力的支撑。在运用语篇理论正确解读课文的基础上，教师要在阅读教学中从全局的角度出发，从文本的篇章结构入手，探究段落之间的布局与衔接，设计正确的教学目标和适合的教学内容，指导学生立足语篇、借助学习图式来学习语文，并最终促进学生的语言表达水平和习作水平的提高。从这一点来说，体验教学恰好能满足学生的学习需求和教师的教学要求。依照图式理论，学生对于篇章的学习，一般可以通过图 4-5 所示路径完成。

图 4-5　篇章学习路径

一、领会主旨——体会情感的学习图式

文章主旨是作者在文中表现的中心意思。理解文章主旨，这是属于把握文章思想内容方面的能力和要求，要求学生能从宏观上理解和分析文章内容的核心。领会文章主旨需要学生先抓内容，再揣摩作者的写作意图，也就是说阅读文章时要在理解主要内容的基础上，领会文章的思想感情。

如在小学语文统编版教材五年级上册《搭石》的教学中，教师在学生通读全文的基础上，引导学生抓住作品中的关键语句，理清作者的行文思路，把握作品的核心内容和内在情感，提炼出文章的主旨。请看教学片段：

师：请大家静静地默读第二至四自然段，用波浪线画出家乡的人们走搭石的相关语句，再想一想那是一幅怎样的画面。

师：我看到很多语句上画上了美丽的波浪线。咱们依顺序来交流。

生：我找的是"每当上工、下工，一行人走搭石的时候，动作是那么协调有序！前面的抬起脚来，后面的紧跟上去。嗒嗒的声音，像轻快的音乐；清波漾漾，人影绰绰，给人画一般的美感"。

师：你从哪儿体会到这幅画面的美呢？

生：我从"协调有序"体会到美。

师：怎样的动作才是协调有序的呢？

生1：就是很有顺序，配合得很好。

师：这是从字面上理解。

生2：就是"前面的抬起脚来，后面的紧跟上去。嗒嗒的声音，像轻快的音乐"。

师：你联系下文理解了。让我们加入走搭石的人群。咱们合作着读一读。

师：你们现在走在哪？

生：搭石上。

师：不好走啊，走得不好要掉进水里，有信心吗？

生：有。

师引读：每当上工、下工，一行人走搭石的时候，动作是那么协调有序！前面的——

生1：抬起脚来。

师：后面的——

生2：紧跟上去。

师：（速度渐快）前面的——

生3：抬起脚来。

师：抬起脚来，紧跟上去，抬起脚来，紧跟上去，抬起脚来——紧跟上去。嗒嗒的声音，像——

生齐：轻快的音乐。

师：让我们继续走在搭石上。这边两组走前面，那边两组走后面。

师：前面的——

生（组1）：抬起脚来。

师：后面的——

生（组2）：紧跟上去。

师：没有人踩脚，没有人跌入水中，该是有人指挥吧？（生摇头）对，其实没有人指挥，那么默契，那么有序，这样的动作就叫作——

生：协调有序。

师：体会得好。你们还从哪儿体会到画面的美呢？

生：我从“清波漾漾，人影绰绰”体会到画面的美，我感受到水波和人影都很美。

师：想一想，“人影绰绰”的“绰”是什么意思？

生：我认为是“姿态柔美”的意思。

师：那么“清波漾漾，人影绰绰”在文中描绘的是怎样的画面？想一想。

生1：我好像看到水清得可以看见水底的石头，一阵风吹来，水面漾起了波纹，人影倒映在水面上，美丽极了。

师：体会得真形象，你是在用想象来丰富、用心来体会这两个词语，这种方法值得大家学习。

师：你还想来描绘一下，说吧。

生2：我仿佛看见清清的溪水漾起了粼粼的波纹，姿态柔美的人影倒映在水中，像画一样。

师：听你这么一描述，我感受到水光、人影两相和的美！请读读这两个词语。

生2：清波漾漾，人影绰绰。

师：你的朗读把我带到了画前。谁能把大家带进画里呢？

师：你来读。其他同学闭上眼睛，想象画面。

生3（声情并茂地）：清波漾漾，人影绰绰。

师：身临其境吧？

（生点头）

师：全班一齐读。

（全班读）

师：是呀，这一行人在搭石上走出了音乐美、画面美，这的确是家乡的（指板书）——

生：一道风景。

师：一行人走搭石是美丽的风景。如果有两个人面对面地走搭石，又是怎样的情景呢？谁来读读文中的句子？

（生读“如果有两个人面对面……”）

师：能谈谈你对这幅画面的感受吗？

生：我觉得家乡的人能够互相谦让。

师：好一个谦让，你读懂了文字里含着的美。男同学，一起感受这份美。

（男生齐读“如果有两个人……”）

师：那么“青年人”和“老人”来走搭石，又是怎样的情景呢？

（生读“假如遇上老人来走搭石，年轻人总要俯下身子背老人过去，人们把这看成理所当然的事”）

师：哪个词语打动了你？

生1：“理所当然”打动了我。家乡的人觉得应该这么做。

师：这是你的读书体会。还有其他的吗？

生2：我觉得“俯”字打动了我。

师：现在我是那位老人，谁来做年轻人？请个小伙子。

（一名男生上台）

师：请你做做“俯”的动作。

（男生深深地弯下身子）

师：（手搭生的肩）这样，老人就能轻而易举地趴在你的背上，舒舒服服、安安全全地过小溪了。

师：（扶起男生）到了对岸，你需要老人向你道谢吗？

生：不需要。

师：为什么？

生：因为家乡的人都习以为常了，把这看成理所当然的事。

师：多好的年轻人。（问另一名学生）老人没有向年轻人千恩万谢，年轻人会生气吗？

生：不会。

师：为什么？

生：因为人们把这看成理所当然的事。

师：听了你们的回答，我就在想啊，当这位老人年轻的时候，他一定也曾经（指课件文字）——

生：俯下身子背老人过去。

师：因为（指课件文字）——

生：人们把这看成理所当然的事。

师：当这位年轻人老了的时候，也一定会有——

生：年轻人俯下身子背他。

师：因为——

生：人们把这看成理所当然的事。

师：透过这个“俯”字，你看出了什么？

生：尊老爱幼。

师：是尊老还是爱幼呢？

生：尊老。

师：你们的这份美好情感也是（指板书）——

生：家乡的一道风景。

师：透过这一代又一代人的“理所当然”，你又看出了什么？

生 1：我觉得家乡的人一代一代都是这么做的。

生 2：家乡的人十分谦让，十分淳朴。

师：我注意到你的发言中有两个“十分”。也就是说，这已经积淀成山村淳朴的乡风、民风。景美，情更美，这更是家乡的——

生：一道风景。

师：让我们捧起书，读课文的第三、四自然段，再次感受走搭石的美。

（生读课文的第三、四自然段）

体会文章的思想感情是小学阅读教学的重要内容，可以帮助学生更深刻地理解课文的思想内容，养成良好的阅读习惯；可以培养学生的分析概括能力，提升思维品质。学生在体会文章思想感情的同时还可以获得思想教育、道德启示或情感熏陶，提升人文素养。

二、把握内容——概括段意的学习图式

在小学语文教学中，提高学生的阅读效率，可以有效帮助学生分析和概括段落主要内容，从而促进学生对文章中心思想的了解，增强学生的语言概括能力。在语文教学中，教师要锻炼学生概括总结段落的能力，让学生从大量的阅读中把握整篇文章或整个故事的精髓，培养学生化繁为简的能力。

（一）摘句法

在实际教学中，教师可以利用摘句法，培养学生概括总结段落主要内容的能力。这种总结段落的方法比较简单，因为在文章中，可以概括段落大意的句子很容易找到。这些句子一般被称为段落的中心句，在整个段落中起总结作用。在阅读教学中，教师可以充分利用摘句法，引导学生通过寻找段落的中心句来把握主要内容。

如在小学语文统编版教材五年级上册《四季之美》的教学中，教师就运用了结构分析的方法，引导学生寻找文段的中心句，从而概括出段落大意。请看教学片段：

师：(出示课文内容) 同学们，我们都知道，一年有春、夏、秋、冬四个季节，而每个季节都有自己的独特之处。请大家自由读第一自然段，说一说本段主要写了什么景象，你能想象到什么画面？

生：第一段描写了黎明时天空的颜色变化，使我们仿佛看到大自然这个魔法师，先给天空染上红晕，再给天空披上红紫红紫的彩云。

师：黎明的天空真的是色彩斑斓。在作者笔下春天最美的便是——

生：春天最美的是黎明。

师：你是从哪一句知道的？说说你的理解。

生：第一句话。第一自然段按照时间顺序，侧重描写了天空颜色的变化。从“一点儿一点儿”“染上”“飘着”这些词语中，从“鱼肚色”“红晕”“红紫红紫”这些由浅到深的颜色中可以看出这段都在描写黎明的景色。

师：为你的认真思考点赞哦！既然这些都是描写黎明的景色，那文段第一句话“春天最美是黎明”就是这一自然段的中心句（总起句），第二句话便是围绕第一句话来写的。后面三个自然段会不会也是这样呢？

通过教师对第一自然段的引导，学生结合自主性学习，认识并理解了段落中心句，进而概括出本段的段落大意。学生也了解了总分段落的基本结构——整个段落围绕第一句话来展开描写。但是语文的学习不单单是理解，还需要借鉴课文结构，从而增强表达能力。

（二）寻词法

大多数文章皆有能体现段落大意或者体现作者思想情感的关键词。紧扣这些关键词，进行整合概括，一般便可概括出该段落的主要内容。

如在小学语文统编版教材五年级上册《桂花雨》的教学中，教师就引导学生用寻找关键词的方法来梳理段落大意。请看教学片段：

师：默读课文第四自然段，边读边思考文章写了哪些内容？

师：哪位同学来说一说？

生：本段主要写了作者摇桂花的快乐。

师：你是如何概括出来的？

生：“桂花”这个词语在本段中一共出现了四次，“摇”字出现了三次，因而本段主要讲作者摇桂花。

师：原来我们抓住文段中反复出现的词语，将这些词语的意思整合在一起，就可以概括出文段的主要内容。这真是一种把握段落主要内容的好方法。

学习寻词法不仅是为了读懂一段话，继而读懂一篇文章，还是为了能借助这种形式更好地表达。因此在引导学生抓住关键词概括段落主要内容的基础上，教师应引导学生进一步感受段落的内在特点，并根据提供的段落主要内容对该内容进行扩充，为最终的自主写段甚至自主习文做铺垫。

把握段落大意是阅读教学的重要环节之一。它是由部分到整体的训练过程，是培养学生综合、抽象、概括能力的过程，也是训练学生逻辑思维的重要手段。总的来说，概括段落大意，就是要抓住每段的重点词句，用简洁的语言甚至词组把每段的主要意思概括出来。概括段落大意是有一定的规律可循的。学生掌握了这一规律，就可以提高概括段意的水平。

三、明析结构——分层整理的学习图式

小学语文段落中常会出现总分的结构。教师可以利用合理的学习图式让学生习得学习方法。首先必须要让学生明确本课的学习目标，找出段落中心句，接着思考作者围绕中心句写了哪些内容，通过朗读将理解感悟到的内容再一次表达出来，在此基础上学会迁移运用到写作中。

如在小学语文统编版教材五年级上册《四季之美》的教学中，教师就采用了明析结构——分层整理的学习图式。请看教学片段：

师：作者用了不少叠词、双声叠韵、新鲜的词把这篇课文打扮得更美了。大家读一读。

师：刚才我们知道了，一篇美的散文要用词语来“化妆”。一个人的美仅仅靠化妆不行，还要靠他的身材。看一下课文，“身材”好不好？课文的“身材”就是它的结构。课文有几段？

生：4段话。

师：比较一下，这4段话有什么特点？每一段的结构都一样。什么结构？总分。每一段都有一个总起句，请你们把它画下来。

（指名交流，请学生板书）

师：你发现没有，这几段结构都一样，很整齐，是不是很匀称。每一段有几个句子？

生：有的有2个，有的有3个，还有的有4个。

师：要么有2个句子，要么有3个或4个句子。4段比较匀称，没有哪

一段长得特别“肥”，这叫结构匀称之美。而且每段的第一句都是很工整的。大家把这4句话连起来读一读。读——

生：（齐）“春天最美是黎明”“夏天最美是夜晚”“秋天最美是黄昏”“冬天最美是早晨”。

师：作者为每个季节选择了一天当中的一个时段。春天写它的——黎明，夏天写它的——夜晚，秋天写它的——黄昏，冬天写它的——早晨。如果按照一天的顺序，把这些连起来应该是——黎明、早晨、黄昏、夜晚。但是一天之中还有我们最熟悉的上午、中午、下午。作者写了吗？他要么写早晨那一段，要么写黄昏那一段，偏偏不写中间那一段，有意思吧！有啥意思呢？

生：作者写的都是最美的时候。

师：也就是中午不太美，下午也不太美是吗？

生：上午、中午、下午都是我们平时最熟悉的，而作者写的都是我们平时不太熟悉的。

师：明白了吗？我们平时写作文，写的大多是白天发生的事情，一般人比较熟悉。而作者写的时段是——黎明、夜晚、黄昏、早晨。

师：你们看，作者写的这些时段都是我们不大关注的。所以作家高明就高明在我们没看到的，他写给我们看。这叫——新鲜，这叫——独特。来，读一读4个句子。

师：让我们来看一看在黎明、早晨、黄昏、夜晚这几个时段作者分别写了哪些事物？

读文章要有一种整体感，要从整体走向局部，再从局部回归整体，在回环中准确把握文章的主旨和精髓。对文本，我们不仅要问“写什么”与“怎么写”，而且要问“为何这么写”。这实际上是对作者思路的深度还原，能避免阅读时只在只言片语中推敲与琢磨的“近视”。把握文章的结构就是要跳出文本，从文本行文、结构的高度“俯视”，甚至“透视”。这是一种阅读的视角，也是一种阅读的境界，它有助于学生学会分层整理的方法，理解并灵活运用。

四、关注语言——体悟修辞的学习图式

修辞手法的教学是小学语文教学中非常重要的一部分。在小学阶段，修辞手法主要包括比喻、拟人、排比、对偶、夸张、反问、设问等。这些修辞手法能够使语言表达准确、生动、具体，增强语言表达效果。小学阶段，语

文教师在教学活动中采取有效措施引导学生正确学习修辞手法，能够使学生尽早地掌握修辞手法的运用规则，促使他们对汉语言文化的认知更加精准和深刻。

小学低年级主要学习的修辞手法是比喻、拟人、排比、反问，之后逐渐扩展到夸张、对偶、设问。学生要通过学习对修辞手法的分析进一步理解课文的内容，为理解课文打下基础。同时，在写作中学会运用修辞手法，对于提高学生的语言表达水平也是非常重要的。

小学语文统编版教材四年级下册《三月桃花水》是一篇略读课文。这篇文章是一篇散文，描绘了春回大地、万物复苏的生动画面，展现了乡村生机盎然的景象，抒发了作者对桃花水的喜爱和赞美之情。课文篇幅虽然较短，但由于作者在文中运用了大量的排比句、拟人句、比喻句、对偶句等句式，文质兼美，适合学生反复品读，积累语言。在进行修辞教学时，可以这样呈现：

（出示第 2 自然段：“啊，河流醒来了！三月的桃花水，舞动着绮丽的朝霞，向前流啊。有一千朵桃花，点点洒在河面，有一万个小酒窝，在水中回旋。”）

师：让我们先来看这段文字。自己轻轻读一读，透过文字，你看到了什么？

师：哪些词句让你看到了画面？一定有很多同学关注到了这个字：“醒”。“啊，河流醒来了！”醒来之前的河水是什么样子的呢？一个“醒”字让我们仿佛看到春天来了，冰封的河面解冻了，河流缓缓流淌，渐渐恢复了活力。看，一个感叹号也在表情达意。你读出作者内心的情感了吗？是的，作者多么欣喜，因为只有河水醒来了，他才能看到三月桃花水的美丽。

师：醒来的三月桃花水是什么样子的？

（生读句子）

师：读着读着，你有什么问题想问？老师好像听到有同学在问“绮丽的朝霞怎么会在水中舞动”？这桃花、小酒窝都是什么呀？

师：让我们来想象一下，美丽的朝霞映照着河水，使流动的河水变成了一匹明洁的丝绸，随着波浪的起伏上下舞动。河面上一朵朵浪花荡漾开去。流水回转处，有一个个小漩涡在不停地转呀转呀……

师：（出示图片）原来，这一千多桃花是那朵朵浪花，一万个小酒窝是那一个个小漩涡呀。作者借绮丽的朝霞和桃花、小酒窝，展现了三月桃花水的美。

师：想一想，作者用什么方法把三月桃花水写得那么美丽迷人呢？

生：我找到了这两个动词——“醒”“舞动”。作者运用拟人手法，让桃花水充满生机、活力。

生：我关注到了“桃花”“小酒窝”这两个词。作者用生动的比喻让人感觉这流水迷人可爱，富有情趣。

师：三月桃花水叫人多沉醉。作者用美妙的修辞写出了对春水的喜爱，正是因为爱这美景，所以妙笔生花。我们一起来读一读吧！

（生读）

师：刚才我们通过抓关键词、想象画面、品味修辞、体会情感的方法，感受到了三月桃花水的美丽。让我们用这样的方法继续学习。

（出示阅读要求：“默读第3—6自然段，你看到了怎样的美丽画面，作者是如何展现三月桃花水的美的？”）

（出示第3—4自然段：“三月的桃花水，是春天的竖琴。那忽大忽小的水声，应和着拖拉机的鸣响；那纤细的低语，是在和刚刚从雪被里伸出头来的麦苗谈心；那碰着岸边石块的叮当声，像是大路上车轮滚过的铃声……”）

师：三月的桃花水是春天的竖琴，你听到了哪些声音？找一找，也可以圈一圈。大家都找到了吗？

生：有些声音来自桃花水，比如忽大忽小的水声、纤细的低语、叮当声。

生：还有来自岸上的声音，如拖拉机的鸣响、谈心的声音、铃声。

师：伴随着这些声音，岸边会呈现怎样的景象呢？

生：农民驾驶着拖拉机在田间劳作，拖拉机的轰鸣声与哗哗的流水声互相应和。

生：农民伯伯引河水浇灌麦苗，让麦苗茁壮成长。看，绿油油的一片。

师：是的，大家都说对了，“低语、谈心”这是运用了拟人手法，将河流、麦苗写活了，多么生动。

生：作者用一个比喻，把我们的目光从河水引向岸边，让我们仿佛看到乡间小路上，车辆来来往往，辛勤的人们一刻也不停歇，十分忙碌。

师：同学们，我们随着三月桃花水美妙的声音走进了乡村。作者运用比喻、拟人生动形象地向我们展现了一幕幕乡村农民劳动的场景，淳朴的乡土风情扑面而来。作者的描写可真妙啊！让我们边想画面边读。

（生读）

师：还有哪些语句也运用了比喻、拟人的修辞向我们展现了三月桃花水的美丽画面？继续读一读，想一想，说一说吧。

（出示第5—6自然段：“三月的桃花水，是春天的明镜。它看见燕子飞过天空，翅膀上裹着白云；它看见垂柳披上了长发，如雾如烟；它看见一群姑娘来到河边，水底立刻浮起一朵朵红莲，她们捧起了水，像抖落一片片花瓣……”）

师：透过文字，你看到美丽画面了吗？同学们一定找到了拟人句，“翅膀上裹着白云”“垂柳披上了长发”。作者运用拟人的修辞手法把燕子飞翔、垂柳抚水的景象写得多么生动形象。

师：还有更妙的比喻藏在这段文字中，你读出来了吗？姑娘来到河边，河水映出了姑娘美丽的笑颜，就像那朵朵红莲。捧起的水，抖落的水珠，仿佛是“有一千朵桃花，点点洒在河面”（标注：比喻）。多么美妙的情景，这些美景倒映在河水中，美不胜收！

师：同学们有没有发现，这段文字还反复出现了三个“它看见”。这是组排比句（标注：“排比”）。排比的句式把一个个美景汇成了一幅多姿多彩的画卷。三月的桃花水是明镜，映照出了春天迷人的景色，多美妙啊！让我们把这份感受融进朗读，来赞一赞迷人的桃花水。

（生读）

师：三月桃花水中，还能看见什么美丽景色呢？让我们仿照课文，接着写一写吧。记得用上适当的修辞手法，增添语句的美感。

修辞手法贯穿于整个小学语文教材内容的始终，高度凸显了汉语言文字的感染力和张力。学会运用修辞手法可以增强学生的阅读理解能力及语言表达能力。语文教师在教学活动中要采取有效策略强化学生对修辞手法的学习，从而潜移默化地提升他们的语文综合素养。

“语言文字积累与梳理”任务群为其他任务群的学习提供了基础与保障。当语言文字积累与梳理达到一定的程度时，学生能力必定会在阅读、思考、表达等方面发生质变和飞跃。

第五章

“实用性阅读与交流”任务群

“实用性阅读与交流”任务群属于发展型学习任务群。它指向运用，旨在引导学生在语文实践活动中，通过倾听、阅读、观察，获取、整合有价值的信息，根据具体交际情境和交流对象，清楚得体地表达，有效传递信息，满足家庭生活、学校生活、社会生活中的交流沟通需要。

第一节 记叙文——把握六要素的学习图式

在认知心理学中，图式是一个重要概念。认知心理学家大多将图式定义为一种认知的单元或模块。大脑在接收处理外部信息时需要利用图式，将原先获取技能、策略、知识等时形成的图式与新事物联系，并顺利形成对新信息的理解。记叙文在小学语文统编版教材中占有较大权重。以认知图式理论为指导，结合统编教材记叙文教学，从“基于主题，把握记叙文的内容图式”“聚焦表达，捕捉记叙文的语言图式”“俯瞰结构，探究记叙文的结构图式”三条路径入手，可以增强记叙文教学的有效性，提升学生对记叙文的认知水平。

阅读叙事性作品，要能了解事件梗概，能简单描述自己印象最深的场景、人物、细节，说出自己的喜爱、憎恶、崇敬、向往、同情等感受。整体把握文本内容是深入研读文本的第一步。把握内容图式，能较好地明析文章的主要内容。发现文章叙述线索之后，关注人物、时间、地点，再抓住起因、经过、结果，便可以把握记叙文的内容图式（图 5-1）。

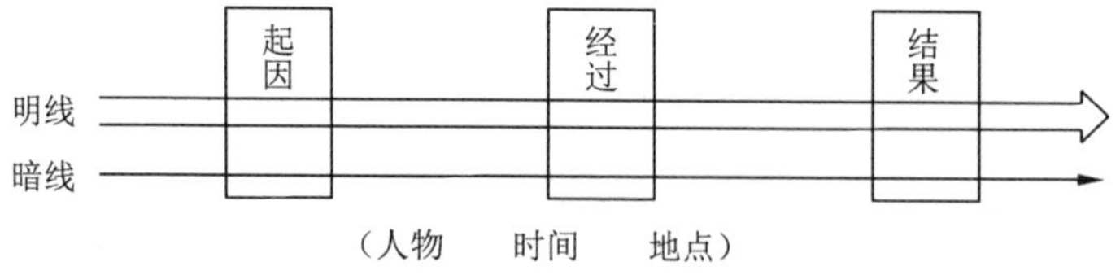

图 5-1 记叙文的内容图式

在记叙文的教学中，教师要引导学生抓住文章中独特的表达、抒情的语句和细节的描写，发现记叙文中的表达特色，从而逐步帮助学生形成学习记叙文的语言图式（图 5-2）。

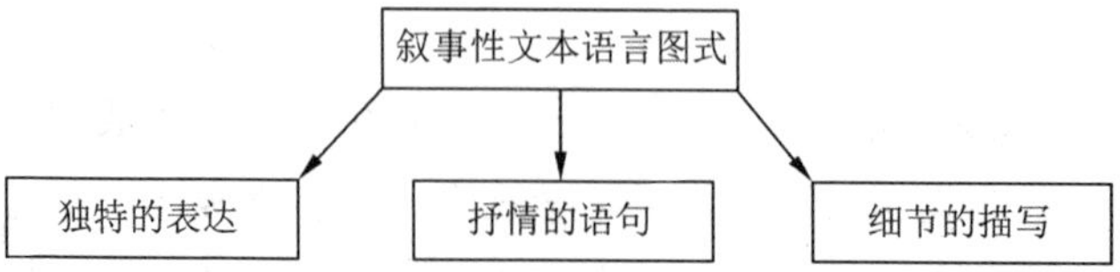

图 5-2 记叙文的语言图式

结构图式，即关于文章体裁和谋篇布局方面的知识。教师需要理解作者的写作意图，带领学生俯瞰全文的谋篇布局，引导学生把握文章的内在特质，探究记叙文的结构图式（图 5-3）。

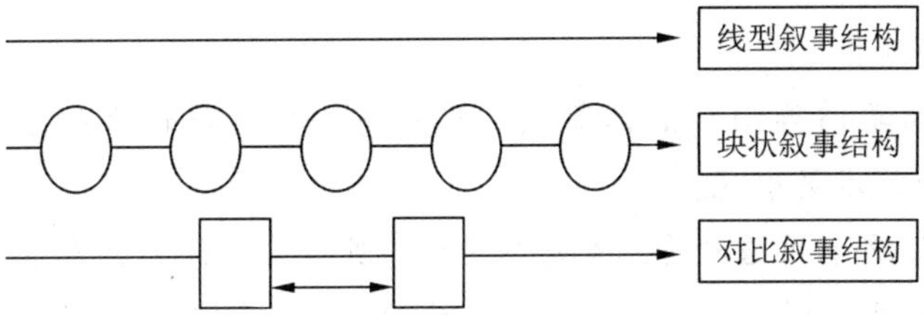

图 5-3　记叙文的结构图式

根据认知心理学的图式教学，这里以小学语文统编版教材六年级上册《月光曲》为例，教学片段如下：

师：同学们，这节课让我们继续走进课文——《月光曲》。

师出示关键词：

贝多芬	盲姑娘兄妹	陶醉
莱茵河	茅屋	离开
散步	弹琴	飞奔
断断续续	纯熟	记录

师：老师带来了一些词语，谁来竖着分组读一读。读了这些词语，你有什么发现呀？

生：第一列是故事的起因，第二列是经过，第三列是结果。

师：谁能围绕这三者来说说课文的主要内容？

生：贝多芬在散步时听到盲姑娘兄妹的谈话，就给他们弹了一首钢琴曲。盲姑娘猜出他就是贝多芬。接着贝多芬又即兴为盲姑娘弹了一曲，之后飞奔回客店连夜把《月光曲》记录了下来。

生：贝多芬因同情皮鞋匠兄妹而为他们弹琴，有感于盲姑娘对音乐的痴迷而即兴创作《月光曲》。

师：同学们说得非常准确，请同学们拿出手中的学习单，在表 1 中写一写。

表 1

起因	经过	结果

师：看来，抓住故事的起因、经过、结果，就能把故事讲清楚。这是概括课文内容的一种好方法。这节课，让我们继续走进《月光曲》，走进这个精彩的传说故事。

（学生齐读）

师：请同学们再细细品读课文，想一想：究竟是什么给了贝多芬创作《月光曲》的艺术灵感呢？

师：回答这个问题之前，首先想一想：贝多芬为什么会为盲姑娘弹琴呢？为什么弹了一曲又弹一曲呢？我们先来读读课文的第3—7自然段。

师：我们可以从兄妹俩的对话中寻找第一个小问题的答案，从贝多芬和盲姑娘的对话中寻找第二个小问题的答案。

生1：从“那有多好哇”这五个字当中感受到盲姑娘对音乐的执着和渴望。听贝多芬弹一首曲子是她梦寐以求的愿望。

师：你抓住对话中的关键词来体会人物内心，读出了盲姑娘的渴望。人物的情感也隐藏在标点符号中。谁来读一读，读出盲姑娘的渴望。

师：面对盲姑娘对音乐的执着和渴望，你们猜猜贝多芬会怎么样？

生：心理发生了变化。

师：这就是触动。

师：那盲姑娘真的是随便说说吗？

生：不是的。

师：盲姑娘如此渴望却说自己是随便说说，这到底是为什么？谁读懂了盲姑娘的内心呢？

生1：一边是情同手足的哥哥，另一边是自己热爱的音乐，但是盲姑娘善解人意，还是选择了哥哥，她不想让哥哥因为家里穷，导致她听不到贝多芬弹奏而难过。

生2：她家境贫寒，买不起票，没有机会亲自听贝多芬弹琴。

师：妹妹不想让哥哥难过而说自己是随便说说，谁能把盲姑娘的这种矛盾读出来？

师：看到兄妹俩的手足情深，贝多芬心里有什么感受？

生：感动。

师：是的，这位伟大的音乐家被盲姑娘对音乐的热爱以及这对兄妹的手足情深感动了。于是，他推开门，轻轻地走了进去。

师：那么，贝多芬为什么弹完了一首曲子又弹一首呢？同学们一定已经从贝多芬和盲姑娘的对话中找到了答案。

生：“您”字让我觉得她感到难以置信。贝多芬是非常著名的音乐家，这样的大音乐家会为她这么贫穷的姑娘弹一首曲子，她几乎不敢相信，所以她很激动。

师：你再读读这句话，还发现哪些关键词语呢？

生1：盲姑娘是第一次听贝多芬弹琴，而且只听了一遍，就听出贝多芬弹得很纯熟，感情很深，所以是他的知音。

生2：我从“入了神”“激动”这些描写盲姑娘神态的词中感受到盲姑娘是贝多芬的知音。

师：这位同学的发言当中出现了一个词——“知音”。上一篇课文《伯牙绝弦》是一篇传说，这个传说里面写到钟子期是俞伯牙的知音，因为他十分喜欢听俞伯牙弹琴，而且能从他的琴声里面听出高山、听出流水。盲姑娘能听懂贝多芬音乐背后的情感。贝多芬遇到如此懂他音乐的盲姑娘，该有多么激动啊。

师：你们看，阅读时抓住关键词句，就能读懂人物的语言，走进人物的内心。让我们分角色朗读，读好这几段，请三位同学分别扮演盲姑娘、皮鞋匠、贝多芬，其他同学读旁白。

师：盲姑娘对音乐的热爱、兄妹俩的手足情深，深深地打动了这位伟大的音乐家，我们也感受到这位音乐天才善良敏感的心。正如他自己说的那样：“我的音乐只应当为穷苦人造福，如果我做到这一点，该是多么幸福。”这也是贝多芬弹完一曲又弹一曲的原因。

（学生完成学习单上的表2）

表2

初听对话	再听对话	推门而入
触动	感动	激动

师：此情此景让贝多芬想了许多。他情不自禁地弹起了琴键——听！（播放《月光曲》，出示课文第9自然段）

师：听完，谁来说说刚才你仿佛看到了什么？

生1：似乎看到了平静的海面。

师：谁看到不同的画面？

生2：月光照耀下的波涛汹涌的大海。

师：皮鞋匠兄妹也仿佛看到了。一起读这一段。

师：皮鞋匠之所以能产生如此奇妙的想象，与贝多芬音乐中的什么有关系？

生：前面舒缓，后面紧凑。

师：皮鞋匠想象的画面就是贝多芬音乐旋律的变化过程。

师：请同学们再读第9自然段，找出景物变化的过程及其特点，并试着体会音乐旋律的变化特点。

生1：水天相接、微波粼粼、洒满了银光。这是月亮初升时的画面。音乐是平静舒缓的节奏。

师：此时此刻，正是月色幽静的时候。谁来读好这个句子。

生2：越升越高、一缕一缕。节奏渐强。

师：这是微云飘动呀。谁来读一读？我们继续交流。

生3：忽然、刮起、大风、卷起、巨浪、涌。节奏特别快。

师：此刻，风起浪涌的景象呈现在我们面前。这些画面是真的吗？

生：不是。这是皮鞋匠听贝多芬弹琴时的联想，就像钟子期听伯牙弹琴一样。

师：让我们听着《月光曲》，一起读好这段话。

（学生齐读，完成学习单上的表3）

表3

联想画面	月亮初升	越升越高	风起浪涌
乐曲节奏	舒缓	明快	高昂

师：同学们，你们看，音乐也是会说话的呀！这里有一段乐曲。大家好好听一听，充分发挥你的想象，将你仿佛看到的景象写下来，最好可以加入自己的情感。

师：谁来读读你看到了什么画面？

（学生交流）

师：这节课我们一起认识了富有爱心的贝多芬，一起感受了美妙的《月光曲》，还明白了欣赏艺术作品时用上联想和想象的方法能更好地体会作品的意境。写作时，不仅要把自己看到的、听到的写下来，有时还要把想到的写下来。在记事中恰当地加进自己的联想，文章就会更加充实，表达的感情就会更加丰富、深刻。

记叙文教学在认知图式理论的指导下，呈现出不同的味道。利用内容图式能够基于主题，把握记叙文的内核。利用语言图式能够聚焦表达，捕捉记叙文的细节。利用结构图式可以俯瞰结构，探究记叙文的脉络。在教学中利用图式和具体化的学习单、表格，不仅能帮助学生建立起记叙文学习的认知图式，还可以帮助学生将形成的认知图式应用到新的语境或是迁移到写作练习中，生成一个新的图式，使学生的语文素养呈现螺旋式上升。

第二节　说明文——聚焦方法的学习图式

在小学的中高年级阶段，学生们具备了一定的阅读理解能力，除了记叙文、散文、诗歌之外，他们开始接触一种新的文体——说明文。虽然说明文在统编版教材课文中占比不多，但是仍然有着举足轻重的地位。我们在教学说明文时，不能脱离新课标提出的要求：语文教学应当以读为主。说明文当中往往有许多专业术语，读起来很拗口，内容也难以理解。比如在教授小学语文统编版教材四年级下册《纳米技术就在我们身边》时，虽然其语文要素是预测问题，教学重点和说明文没有直接联系，但是在实际教学中，我们仍然以阅读教学为主，让学生在读的过程中，对课文内容逐步感知、理解、消化、吸收，在读中有所感悟。

小学语文统编版教材五年级上册第五单元是一个说明文单元，同样还是习作单元。本单元不仅要求学生理解作者是如何把说明对象说明白的，也要求学生利用所学到的说明方法，去尝试着介绍一种事物。在教学时，教师一般借助以下三种方法帮助学生理解文本。首先是让学生自主感悟，感受不同的说明方式。说明文的语感教学要致力引领学生掌握文本所承载的科学知识的同时，体会其说明方法的丰富性。其次是理清关系，让学生感悟语言的逻辑性。说明文教学要致力从整体和局部上梳理说明文的内在逻辑结构，这对于学生写作的条理性是大有裨益的，这也是发展学生逻辑思维能力的良好依托。再次是替换比较，让学生体会遣词造句的准确性。比较是语文教学中最常见的手法，通过删词换词，让学生主动体悟说明文语言的特点，从而感知作者是如何把事物特点说明白的。

教授《太阳》时，就要着重引导学生利用多种方法，学习如何把太阳的特点说明白。请看教学过程案例：

第一课时

一、激情导入

同学们，今天，老师给大家带来了几张图片，请看。你发现了什么？（预设：这是后羿射日、夸父追日……）同学们的观察力很强，语言组织和表达水平也有很大的提升。这些都是和什么有关的？没错，那就是太阳。你们对太阳了解多少呢？今天，让我们一起走进课文去看一看吧。（板书课题。

生齐读)

二、初读课文，整体感知

1. 出示自读要求：

(1) 大声朗读课文，自学生字词，圈出不理解的词。

(2) 小组配合朗读，互相纠正字音，交流词语的意思。

(3) 用自己的话说说你眼中的太阳是什么样子的。

(4) 看一看课文围绕太阳写了哪几个方面的内容?

2. 学生自学，教师巡视辅导。

3. 检查自学情况。

(1) 检查生字词，出示生字组成的词。采用指名读、齐读、开火车读等方式安排学生朗读。

(2) 朗读中，重点指导“摄氏度、繁殖、蔬菜、煤炭”等词语的读音。

(3) 指导“繁”的写法和笔顺。

(4) 引导学生概括课文围绕太阳写的三个方面：太阳距离我们很远，很大，也很热，以及它与人类社会的关系非常密切。

(5) 让学生说说最喜欢哪部分内容，简介原因。

三、精读课文，品味语言

课文是怎么描写太阳的?读课文，找一找，画一画，在有感受的地方做标注。

1. 学生自读课文，边读边画出喜欢的句子，并做简单的批注。

2. 学生自学，教师巡视辅导。

3. 小组交流，取长补短。

4. 全班交流，教师引导提升。

• 预设一：太阳很热。

理解词语“寸草不生”，感受大地的炙热。

(出示寸草不生的图片) 如果你生活在这样的环境中，你会看到什么?听到什么?

太阳的温度有多少?你知道开水的温度吗?(预设：太阳有5000多摄氏度，开水只有100摄氏度)

被开水烫到是什么感觉?那你觉得如果在太阳身旁，会发生什么?

这里运用了一个说明方法，你知道吗?作用是什么? (预设：列数字，更加形象直观地描写太阳的热)

指导学生朗读，读出太阳的热，注意在读数字时，要稍微加重语气。

●预设二：太阳距离我们非常远。

在我国古代的神话故事《后羿射日》里，后羿射掉了9个太阳，后羿真的能射下来吗？太阳与我们的距离有多远呢？（预设：一亿五千万千米）

如果我们要到太阳上去，需要多久呢？（预设：步行，3500年左右；坐飞机，20年左右）

你觉得我们目前能到达太阳吗？为什么？

这里的说明方法，你知道是什么吗？（预设：打比方）

指导朗读。

●预设三：太阳非常大。

边读边想象画面，现实生活中，你觉得太阳多大？

实际上地球和太阳比较，太阳又是多大？

为什么我们感觉太阳很小？从侧面反映出什么？（预设：太阳距离我们特别远）

这里运用了做比较的说明方法，说明太阳的大，以及地球的渺小。

出示宇宙图片，感受太阳在宇宙中的大小，以及这时候地球的体积又是什么样子的。

5. 采用范读、齐读等形式进行朗读，走进文本，与作者产生共鸣。

四、小结

这节课，我们学习了《太阳》这篇课文，知道了太阳的体积非常大，太阳非常的热，太阳离我们也相当遥远。那太阳与人类又有什么关系呢？我们下节课继续讨论。

第二课时

一、复习引入，唤醒旧知

1. 课件出示生词“摄氏度、繁殖、蔬菜、煤炭”等。采用指名读、开火车读、齐读等方式安排学生朗读，巩固生字词。

2. 指名说说上节课学习的主要内容。

师总结：太阳的体积非常大，太阳非常的热，太阳离我们也相当遥远。

二、精读课文，品味语言

学习课文第4—8小节。

1. 出示任务：

（1）默读课文第4—8小节，边读边想象画面。

（2）想一想，太阳与人类社会的关系是怎样的？圈画相关语句，并做简单的批注。

2. 学生自学，教师巡视指导。

3. 小组互学，取长补短。

4. 全班交流，教师引导提升。

● 预设一：太阳关系到动植物生长、人类生存。

这段文字中，你喜欢哪些词句？简要说说原因。

边读边想象画面，如果没有阳光，动植物会是什么样子？

人类如果缺少太阳，生活会发生怎样的变化？

你觉得，太阳对人类及动植物生长有什么样的作用？

作为人类，应该做些什么促进生态系统的良性循环？

● 预设二：云、雨、雪、风与太阳有关。

云、雨、雪、风是怎样形成的？太阳起到什么作用？

观看生态循环小视频，观后说说你的认识。

有感情地朗读。

● 预设三：太阳可以杀菌，是万物生长的源头。

生活中有利用太阳预防和治疗疾病的例子吗？

如果单靠药物杀菌，你觉得人体会出现什么样的反应？

想象一下，如果没有太阳，地球上的一切又是什么样的？

你觉得太阳对人类的作用有哪些？

三、拓展

运用文中学到的说明方法，仿照课文的描写手法，介绍身边的某一事物，写清楚其特征。写完后同桌互改，全班交流。

四、小结

这节课，我们学习了《太阳》这篇课文，知道了太阳的特点是远、大、热，太阳与人类生活及动植物的生长关系都十分密切。没有太阳，人类的生活将会一团糟，同时太阳也富含巨大的能力。希望同学们努力学习，合理利用太阳能造福人类。

经过教师的引导和点拨，学生初步感悟到作者正是准确运用说明方法，将事物特点说明白的。学生在掌握方法后，才能自主去学习探究文本的其他内容。

第三节　应用文——勾连生活的学习图式

除记叙文、说明文和议论文外，小学阶段的应用文很少以完整的单元出现。它有时是一篇应用性文章，有时是某几段应用文片段的组合，有时还是几段应用文片段和相关图片、表格的有机组合，多出现于口语交际、习作范文和语文园地之中。例如：四年级上学期的学写信，六年级下学期的学写倡议书，这些板块的内容创设了具体的情境，借助图式并出示范例，旨在引导学生通过学习掌握实际生活中所需的有关技能，充分提高自己的语言表达水平，满足生活需要。

教学应用文首先需要引导学生充分地研读文本信息，筛选信息；其次需紧扣“应用性”特点，结合日常生活的真实情境，引导学生认识“为什么而学”，继而采用朗读、复述、表演、讲故事、情景对话、现场报道等学生喜闻乐见的形式，利用信息化平台充分开展多样化活动，使学生不断内化领悟，逐步提升语言表达的准确性、规范性。例如，在小学语文统编版教材四年级上册第七单元习作《写信》的教学中，教师就可以采用以下的教学思路：

书信曾经是人们和远方的亲人、朋友互通消息、交流感情的主要方式，现在仍然是重要的联络手段。本次习作的目的就是使学生掌握“信”这一应用文体，了解其格式，能够用写信这一交流方式加强与他人的沟通。因此教授写信首先要引导学生初步了解书信用途，激发学生的兴趣，然后通过范文学习，筛选信息，让学生学会正确的书信格式，以及写信封的注意事项，比如：写信的时候，称呼要顶格写，问候语前需要空格，祝福语要单独成行，署名和日期靠右下方等；写信封时要把地址写具体、写准确，要把收信人的姓名写全，写清邮政编码，还要写明寄信人的地址等。

学生研读文本并筛选了关键的信息，已建立对书信这一文体的基本认识，教师就可以在此基础上，以交际为目标，鼓励学生在真实的交际情境中写信，培养学生的读者意识。指导学生选择好写信对象，通过任务驱动，以写信的方式与人真诚交流，最后通过邮寄或电子邮件等方式传递给对方。再通过评价写信、互相读信、绘制信封等多样化的活动进一步加深学生对于这一文体的认识，使学生了解写信在表达情感上的重要作用。

请看教学片段：

师：今天我们来学习习作。在上课之前，我们先来看一张照片（三年级时同学们去恐龙馆的集体合影）。

（同学们兴致很高，纷纷回忆当时的美好时光）

师：我们是一个幸福快乐的大家庭，共同拥有很多美好时光。可惜的是，四年级时有些同学因为家长工作的原因转学了。

（同学们纷纷说"我想某某了"）

师：幸运的是，这学期又来了很多新同学。不过这些新同学也离开了原来的学校和班级。

（听到老师的讲述，同学们开始有些伤感）

师：那么今天我们就给他们写一封信吧。你想写给谁？

（同学们纷纷发言，说出自己想念的同学的名字）

师：你觉得这封信能帮我们带去什么呢？

生：能带去我对她的思念。

生：能增进我们的友谊。

生：能告诉他，我的现状。

师：那同学们说说，我们写这封信有用吗？

（同学们异口同声地说："写信有用。"）

师：下面咱们看一封信。（PPT出示例信全文）谁愿意给大家读一读？

师：好，信读完了，大家仔细看一看，书信有哪些与记叙文不一样的地方？（根据学生回答，教师补充板书"问候、祝福语"）

师：通过刚才的分析，我们发现，书信的内容一般比较详细，可以写一件事，也可以写几件事，但要注意一件事要写成一段。正文的开头要先写问候语。同辈之间可以写"你好"，如果给长辈写就要写"您好"。每段开头要空两格；正文结束，要另起一行写上祝福的话，也就是祝福语。

师：提到祝福语，老师想到了一个问题，当我们给不同的人写信的时候，祝福语能一样吗？（不能）

师：比如给爷爷写信，可以用哪些祝福语？（让学生思考后指名回答）给老师写呢？给同辈写呢？

师出示书信格式顺口溜：

称呼顶格打冒号，先向亲友问个好。

正文每段空两格，一件一件不乱套。

事情谈完写祝福，健康快乐常说到。

署名日期别漏掉，工整写在右下角。

师：看来大家对信的格式已经基本掌握了。下面我们就来练练兵好不好？

生：好。

师：咱们来看这次习作的具体要求。这次习作的内容是给同辈写信。同辈就是同学、朋友等与自己年龄相仿、辈份相同的人。写些什么内容由你自己定，但一定要写你最想说的话。写完后，检查一下内容和格式，把不妥当的地方改过来。

（出示 PPT，指名读上面的习作要求。读完后，指名回答，归纳出三点：给谁写，写什么，修改。当学生说第一点时，引导学生说说哪些人是同辈，为接下来确定收信人做好铺垫）

师：同辈都包括哪些人？

生：兄弟姐妹。

师：既然这次习作是给同辈写信，那么，请同学们想一想，你想给谁写信，你最想对他说什么？用自己的话，说说想写的内容。（给学生适当思考的时间）

师：有的同学已经想好了，有的同学还愁眉紧锁。这样吧，想好的同学先把你的想法说给没想好的同学听听，然后再向全班同学说说你的想法，好吗？

（学生互相说想法）

师：谁想把自己的想法说给大家听听？（可以多找几名学生说说）

师：那我们就写封信给我们的好朋友吧。

（学生讨论，想写给谁，确定写信的对象，再确定信的内容）

本次习作让学生通过自主学习了解写信的格式。这样不仅能激发学生的学习兴趣，而且令他们印象深刻。学生在获得发现新知识的成就感的同时，也获得了一种可贵的学习方法。顺口溜则可以帮助学生进一步及时巩固所学内容。

“实用性阅读与交流”任务群的目标和内容主要指向如何运用语文这一工具服务人们的日常生活，因而鲜明地体现了语文课程的工具性特点。当然，在强调本学习任务群的工具性特点的同时，还应该兼顾其人文性，充分发挥语文课程立德树人、以文化人的作用，做到工具性与人文性的有机统一。

第六章

“文学阅读与创意表达”任务群

“文学阅读与创意表达”任务群以审美为价值取向，以感性思维为基本特征，以语文实践活动为途径，以文学作品为载体，以整体感知、联想想象、体验了解、欣赏评价、观察创作为方式，来提升学生的核心素养。

第一节　一般文学

一、小说——厘清三要素关系的学习图式

小说是以完整的故事情节和环境描写来刻画人物形象、反映社会生活的文学体裁。在小学阶段的小说教学中，教师除了要提升学生的阅读理解水平，还要致力培养学生的思维能力和审美情趣，用情境体验等方式让学生深入小说三要素的构建中，初步体会小说人物、环境、情节有机结合下的文学内涵。在课堂教学中，教师应该注重培养学生对小说情节的梳理、概括能力，引导学生关注小说人物形象、感悟关键品质、体会环境描写的妙处，努力建构小学阶段小说课堂教学的学习图式（图 6-1）。

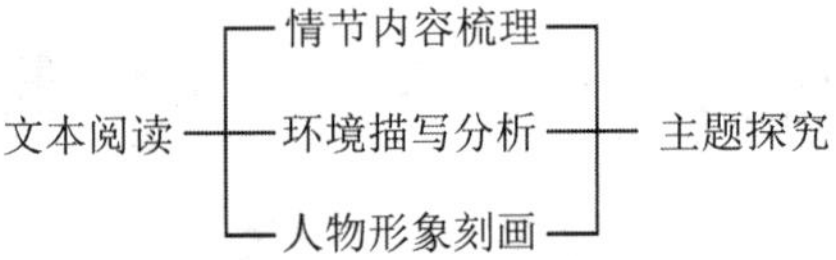

图 6-1　小说课堂教学学习图式

这样的学习图式在具体的课堂教学中，能有更好的效果。下面就以小学语文统编版教材五年级下册《跳水》为例。请看教学片段：

师：你关注到了水手的笑。找出来读一读。

师：同学们，课文为什么要写水手的三次笑呢？水手的笑与故事情节发展有什么联系呢？我们再来看看图，联系课文，想一想，同桌之间讨论讨论。

生：水手的笑，让孩子越来越大胆。

师：同学们我们再来看看，随着水手们的笑，看看孩子的心情，他的位置变化，再看看猴子的行为和神情。读到这儿，水手的三次笑和故事情节发展有什么关系？

生 1：在猴子眼里，笑就是一种鼓励，所以他更加放肆、嚣张。

生 2：水手的笑，在孩子看来，是一种刺激，所以孩子更加恼羞成怒，要赢回自己的尊严。

师：同学们，水手这个看似无关紧要的人物，在情节发展中起着推波助澜的作用。善于阅读小说的人不但要看到主要人物之间的关系，还要深入揣

摩，发现次要人物与情节之间的关系。（贴板书：“发现人物与情节的关系”）

师：此时的孩子已经站在了桅杆顶端的横木上，危在旦夕。这时，谁出现了？

生：船长。

师：接下来请同学们默读课文第5自然段，看看船长是怎么做的，圈画关键词句。

生：他本来是想打海鸥的，看见儿子在桅杆顶端的横木上，就立刻瞄准儿子，喊道：“向海里跳！快！不跳我就开枪了！”

师：船长是怎么做的，请你来读读有关的句子。船长的这两句话应该怎么喊？为什么？想一想。

生1：会很大声。

生2：是快速的。

生3：还会是命令的语气。

师：是的，这些感叹号要读出命令的语气。

师：同学们，从船长的动作和语言当中我们发现他选择了什么办法来解决这个危机？

生：瞄准孩子，让他跳水。

师：船长为什么会做出这样的选择呢？让我们结合当时海面上的情况、孩子的处境及船上的环境想一想，船长做出了哪些分析，他的方法好在哪里？

师：请同学们读读这些句子，完成思维导图，拿出学习单，开始吧。

（交流环节）

生：孩子的处境很危险，时间紧迫，所以船长找到了最好的方法。

师：船长结合当时的环境，做出了这样的分析，最终选择了让孩子跳水这个方法，帮孩子解决了危机。这就是船长的思维过程。（板书：“分析、选择、解决”）我们在阅读这类课文的时候，了解人物的思维过程，可以加深对课文内容的理解。

师：同学们，环境描写也能推动情节的发展，所以善于阅读小说的人，还会时刻关注环境和情节之间的联系。（贴板书：“关注环境和情节的联系”）

在教学中，教师引导学生有序地对小说三要素进行分析和挖掘，从而形成了一个有效的学习图式，根据图式的内容引导学生进一步感悟船长形象，让课堂教学担负起发展学生思维能力与审美能力的重要使命，让小说走进学生内心，引起思考与共鸣。

二、诗歌——通过想象达成情感共鸣的学习图式

现代诗教学是语文教学的重要组成部分。新课标要求第二学段（3~4 年级）学生诵读优秀诗文，注意在诵读过程中体验情感，展开想象，领悟诗文大意。但是与其他体裁相比，现代诗形式自由，意蕴丰富，多运用多种意象营造氛围，情感表达含蓄内敛，因此对于学生来说，要准确把握文章内容、充分体会作者情感是一件不容易的事情，尤其对三年级的学生来说，更是有重重阻力。

在进行现代诗教学时，教师要有意识地激发学生的阅读兴趣，通过有感情的朗读，想象诗歌描绘的意境，感受作者所要表达的情感。体验教学在现代诗教学中的应用要求教师通过个人朗读或多媒体手段使学生能有感情地诵读诗文，同时通过情境的创设、记忆的重拾唤起学生的情感体验，使学生进行情感和文本的迁移，感受创作诗歌的妙趣，从更深层次体验作者的情感。从这些方面来说，体验教学能够满足学生学习感悟的需求和教师的教学要求。

现代诗的体验教学大致可按照朗读体验—想象体验—情感体验的顺序进行。下面以小学语文统编版教材四年级下册《短诗三首》的教学片段为例：

片段 1：

师：看看课文，我们将要学习的短诗的诗题是什么？谁来读一读？

生：繁星。

师：再读诗题，说说你想到了什么？

生：我想到了夜晚有很多的星星。

师：这首诗歌的诗题就是一幅美丽的图画。繁多的星星，让我们想象到了夜晚的美好。

片段 2：

师：同学们通过小组合作和自由朗读，已经可以流利朗读诗歌了。下面再请同学们自由朗读《繁星（七一）》，想象诗中的情景。你仿佛看到了什么？听到了什么？想到了什么？

生 1：我仿佛看到了在静谧的夜晚，作者和妈妈在百花齐放的园中聊天。

生 2：我仿佛看到了作者和妈妈坐在藤萝边的摇椅上，一起数天上的星星。我仿佛还听到了周围的虫鸣。

生 3：我仿佛看到了小时候的作者坐在妈妈膝上撒娇，听到她在和妈妈说悄悄话。

师：你们的想象可真丰富，那你们可以感受到作者当时的心情吗？

生：她一定非常开心，喜欢和妈妈在一起。

师：是啊，请把你看到的画面、听到的声音和体会到的情感带到朗读中吧。

片段3：

师：诗中描绘的这些情景让你想起了自己的哪些童年回忆呢？

生1：我想到了我和妈妈一起去踏青、去钓鱼。

生2：我想到了我小时候和妈妈一起去公园和动物园玩。

生3：我想到了我经常和妈妈一起看傍晚的彩霞。

师：你们都有和妈妈的美好回忆，听起来温馨又幸福。老师也想请你们做一次小作者，把你们的故事仿照书上的写出来。（课件出示模板：“这些事——是永不漫灭的回忆：＿＿＿＿＿＿的＿＿＿＿＿＿，＿＿＿＿＿＿的＿＿＿＿＿＿，＿＿＿＿＿＿的＿＿＿＿＿＿。”）

在教学中，教师通过引导学生想象，不断使学生发散思维，唤醒他们的回忆，激发他们心底的情感，使他们在带着情感朗读的过程中加深对诗歌的理解，最后让学生在理解诗歌内容和情感的基础上，再联系自身进行创作。这种学习活动切合学生年龄特征，也将现代诗与学生的生活紧密联系，有利于增强学生对现代诗的理解和鉴赏能力。

三、散文——聚焦内核、把握形散神聚的学习图式

散文是“文学阅读与创意表达”任务群中的主要文类。散文题材广泛多样，文体各异，但共性都是“散”。中低年级学生在散文的学习中主要是体验文学阅读的乐趣，并结合自己的生活体验，尝试用文学语言表达自己热爱自然、珍爱生命的情感，高年级学生则要能够体会人与自然和谐相处的意义，以及抒发自己的真情实感。由于散文文体的特点，教师需要引导学生从抽象的个人化的情感表达上感悟与体验，让散文“形散神不散”的主命题贯穿在学习过程中，并且能从中心点辐射开去，针对不同主题的散文运用恰当的图式进行教学。

《夏日里的成长》是小学语文统编版教材六年级上册的一篇精读课文，是作家梁容若先生散文《夏天》原文的片段。课文开篇以“夏天是万物迅速生长的季节”这一中心句引领全文。课文围绕中心句，分别从动植物的生长，山河大地及人的成长三方面进行具体描写，观察细腻，构思巧妙，结构

清晰，中心突出，是学生学习散文写作的一篇典范课文。

（一）紧扣单元学习要素，围绕中心梳理多层

小学语文统编版教材六年级上册第五单元的单元学习要素是：体会文章是怎样围绕中心意思来写的，学习从不同方面或选取不同事例来表达中心意思。作为习作单元，两篇精选的习作例文是学生学习的最好范本。课文有着明确的中心，在具体事例的表达上也极具典型性。同时，这两篇课文也是教师教授写作的经典案例。教师在教学本课时始终围绕中心展开教学是一切教学活动设计的依据。这里以俞霞芳老师教学本课为例，课堂教学片段如下：

师：同学们，这节课我们继续学习说理性散文——《夏天里的成长》。

师：回顾一下，课文是以怎样的结构来书写的，围绕哪句话来写的？

生：这篇课文是以总分结构进行叙述的，中心句是“夏天是万物迅速生长的季节”。

师：说得真不错！那围绕这一中心意思，作者又是从几个方面来展开描述的？又分别选择了哪些事物做例子？试着完成下面的树状图。

生上台完成下图：

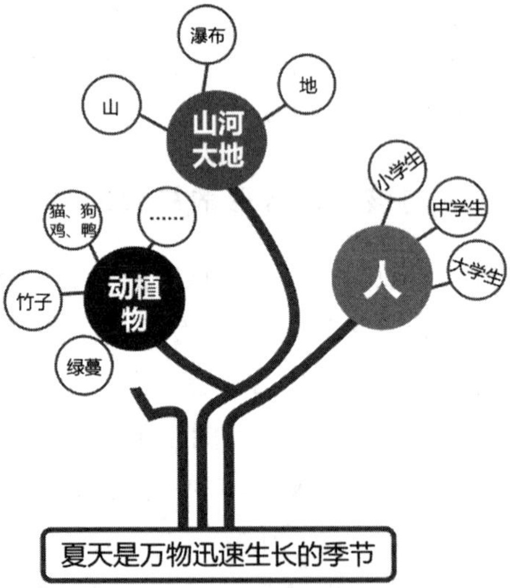

师：同学们画得真棒。这棵枝繁叶茂的大树正是作者写作的基本思路。课文围绕中心意思从不同方面列举了不同的例子，让同学们在阅读中层层深入，直指中心。

一张清晰的树状图不仅帮助学生们梳理了文章的中心思想，还自然将文章内容进行了梳理，让学生在深入学习之前在脑海里形成主体的学习结构，

从而深入地理解文章的主旨。

（二）聚焦散文情感内核，双线并举、双向辐射

目前散文阅读教学的主要问题在于从散文里的"个人化的言说对象"跑到"外在的言说对象"，从散文里的"独特的情感认知"跑到概念化、抽象化的"思想""精神"，学生难以结合自己的生活实际，体味作者的情感，进而形成自己的个人阅读情感。在教《夏日里的成长》这样的哲理性散文时，教师应有意识地带领学生关注单元双线架构、双向辐射的图式，指导学生在几个学习来回中真正理解作者的创作意图以及欣赏散文的独特魅力。本课重点突破环节课堂教学过程如下：

师：文中有一个字反复出现——长。

（出示自读要求：快速浏览，划出文中和"长"有关的词语，读词语）

师：这么多处的"长"，它们都在围绕课文的中心意思来写。

师：我们先来品读第二段，这段中"长"字最多的一句话，就是本段的中心句。一起读。夏天的"长"有什么特点？

生：长得快、变化大。

师：你从哪些地方感受到长得快、变化大？默读这部分内容，圈画关键词，谈谈感受。

生：我从"一天""长出几寸""一夜""多出半节"这些地方感受到长得真快，飞快地长。

师：再读读这两句，作者是怎么感受到成长的秘密的呢？

师：从眼睛看到的飞快的长、耳朵听到的飞快的长，再到具体鲜活的生长画面。谁来读。

（生读句子）

师：除此之外，夏天的长还有跳跃的长，谁来读。

生："昨天是苞蕾，今天是鲜花，明天就变成了小果实。"这是跳跃的长。

师：自然界里有这样的植物吗？也许有，也许植物长得没有这么快，但是这里运用夸张的手法，让我们感受到了什么？

生：夏天里植物生长得飞快，是跳跃地长的。

生："一块白石头，几天不见，就长满了苔藓；一片黄泥土，几天不见，就变成了草坪菜畦。邻家的小猫小狗小鸡小鸭，个把月不过来，再见面，它已经有了妈妈的一半大。"

师：多么鲜活啊！

师：在描写这些动植物的成长时，作者都用到了什么——时间词，写出了夏天是——（引读中心句）。

师：自然界的动植物有无数，作者为什么选这些事例来写呢？

生：这些事例读起来熟悉又亲切。

师：夏天，你见过这样飞快的生长吗？模仿文中句式说一说。

（生仿写）

师：为什么夏天万物会迅速生长呢？什么都在生长，这里描写了哪些？哪些表述描写它们的生长？

生：变丰满、高起来、变宽变深、缝隙几乎填满、软绵绵的。这些用一个词形容都是生长。

师：用一个词形容都是生长，为什么不用长、成长？

生：因为这些词都是山河大地等事物生长的具体模样。

师：你觉得作者笔下哪种事物生长最神奇？

生1：铁轨、柏油路。它们的生长是因为热胀冷缩。

师：作者为什么不直接写热胀冷缩？

生1：视角独特。

师：是的，语言还更加新鲜有趣。有生命的、无生命的，在作者笔下都在活生生地生长。

师：你还感受到夏天哪些事物的生长？你能用这么丰富有趣的表述来描写它们的生长吗？同桌讨论交流。

师：说到视角独特、语言新鲜，第四段话里也有几处语言很新鲜有趣。作者引用了两句北方农业谚语。你读懂这两句谚语了吗？

生：这两句农谚的意思是，“农作物到了该长的时候不长，或是长得太慢，就没有收成的希望”。

师：“人也是一样，要赶时候，赶热天，尽量地用力地长。”

师：这里的夏天还可以理解为什么？

生：最宝贵的青少年时期。

师：作者还想告诉我们什么？

生：告诉我们珍惜时间、把握机会的道理。

师：请大家读一读这一段，把感悟到的铭刻在心上。

在本环节的重点教学中教师立足散文文体特点，基于课文结构的独特性，围绕“长”字带领学生进行深入探究，通过多种形式的读书指导，将整体感知与细节品析相结合，培养学生挖掘文本价值的能力，促进学生语文素养的发展。在体会文章中心立意的表达方法上注重让学生由动植物的生长联想到人的成长，从而由浅及深，让学生循序渐进地理解作者创作这篇散文的中心思想所在，培养学生鉴赏散文的能力。

（三）类比写作主要特色，深度延伸创意写作

散文教学反对以“仿效”为目的的读写结合。散文不拘于文体规范，要的是自由和开放。所以在高年级散文教学中，教师应将侧重点落在让学生感悟散文的艺术特色及散文的真情表达上。散文叙写作者的所见、所闻。但散文的写实也不是“客观的”写实。散文中呈现的是作者极具个人特性的感官所过滤的人、事、景、物，具有鲜明的个人色彩。教学片段如下：

师：这篇散文向我们展示了天气炎热、生物活跃、色彩鲜艳、乐趣无限的夏日景物特点，从不同方面选择不同事物来展开描写。这三段可以调换顺序吗？或者删去某一段可以吗？

生：不能，作者从小的动植物写到大的自然事物，再由物及人，写人的成长，结构安排十分巧妙。

师：文章就像一棵思维树。作者围绕要表达的中心意思，从三个不同方面选取不同事例，层层递进来书写。全文立意高远，表达清晰优美。

师：梁容若是我国作家、教育家。有人评价他的文章“文章诙奇隽永，引人入胜”。联系课文，谈谈你的看法。

生：作者在劝诫青少年珍惜成长的关键期时通过其他事物的引入，逐渐指向中心，让读者在阅读中自然地接受这样的观点并表示认可。

师：阅读原文《夏天》，快速浏览，圈画中心句。我们会发现这两篇文章的共同点都是围绕中心意思，从不同方面来写。

（生自由讨论）

师：学习了这篇精美的散文，相信大家都能领悟围绕中心展开描写的写法。夏天不只是万物迅速生长的季节，也是炎热难耐的季节。有人这样描述苏州的三伏天：“头伏摇小扇，二伏满头汗，三伏烧烤天。”模仿课文的写法，围绕中心句“苏州的三伏天，天热得发了狂”继续写下去。可以尝试先画思维树再具体创作。

散文阅读，即鉴赏“文学性的散文”，其要领可以归结为一句话：分享作者在日常生活中感悟的人生经验，体味精准的言语表达。在小学高年级的

散文阅读教学中，教师可以充分利用图式，构建散文学习的框架，扫清学生学习散文的障碍，让学生学会阅读散文的同时关注作者的所见所闻，在不断地学习中进一步结合自己的生活体验，体味作者的所思所感，逐渐形成自己独特的感受，从而学会运用散文的表达方法来创作优秀的文学作品。

第二节　民间文学

一、神话——练习讲述体会神奇想象的学习图式

在小学语文教材中，虽然神话故事所占篇目不多，但入选教材的神话故事充满幻想，内容具有丰富的人性美，语言准确，优美生动。神话故事由于能够创造一个与现实生活完全不同的生活场景，给小学生带来非同一般的体验与感受，因此在语文教学中一直被学生们喜爱。神话故事教学可以激发学生的学习兴趣，培养学生的想象力，促进学生树立正确的人生观等，所以神话故事的有效教学不容忽视。

神话故事类课文的内容大都比较浅显（有的学生已经耳熟能详了），语言也比较平实。因此，神话故事类课文的教学没有必要把过多的精力放在词句的品析、咀嚼上，更不应该空洞地分析人物形象，而应该大胆创新，找到适合的方法。

神话的图式教学大致可以按把握梗概—品味形象—复述故事的顺序进行。小学二年级时学生已开始接触神话，小学语文统编版教材四年级上册第四单元安排了神话学习专题。下面以四年级上册《盘古开天地》的教学片段为例，进行说明。

片段 1：

师：请同学们再读课文，边读边思考，看看课文插图分别对应了课文的哪些段落。

生：第一幅图对应第一自然段，第二幅图对应第二自然段，第三幅图对应第三和第四自然段，第四幅图对应第五自然段。

师：谁来读读第一自然段，再看看第一张图，盘古为什么要开天地呢？

生：因为天和地没分开前，宇宙混沌一片。

师：是的，我们可以用“混沌一片”来概括这段话的主要内容。这是盘古开天地的原因，也是整个故事的起因。

师：盘古是怎样开天地的，结果又是怎样的呢？请同学们再看看图，读读其他部分，学着刚才的方法，用一个词语或者短语概括一下这些部分的主要内容。

生：第二幅图的内容可以用“劈开天地”概括。

生：第三幅图的内容可以用“顶天立地”概括。

生：第四幅图的内容可以用“化身万物”概括。

师：同学们，劈开天地，顶天立地，化身万物，这是故事的经过。那结果怎样呢？请同学们一起读最后一个自然段。我们也可以用一个词说说这段话的内容。

生：创造世界。

师：这是故事的结果。

片段 2：

师：刚才我们通过图文对照，梳理了故事的起因、经过、结果，了解了它们我们就能来说说故事的主要内容了。如果加上表示时间的词，我们就能说得更有条理！赶快读读课文，找找故事里表示时间的表述。

生：很久很久以前、有一天、天和地分开后、过了一万八千年、盘古倒下以后。

师：根据这些表述，你能把故事的起因、经过、结果连起来说一说吗？注意要说得完整、简洁。

生：很久很久以前，天和地还没有分开，宇宙混沌一片。有一天，一个叫盘古的巨人劈开了天地。天和地分开后，盘古怕天地会合在一起，就头顶天，脚踩地，站在天地之间。过了一万八千年，盘古累得倒下了。盘古倒下后，他的身体化为世间万物，创造了美丽新世界。

师：说得很不错。了解故事的起因、经过和结果就能帮助我们把握故事的主要内容。以后学习中记得用上这个方法哦！

片段 3：

师：天地终于分开了，但盘古也累得倒了下去，他怎么样了？

生：他的身体发生了巨大的变化。

师：拿起书，大声读第五自然段，看看盘古的身体发生了怎样的变化？

（学生读）

师：请一位同学读一读。

（指名读）

师：老师听出来了，他用不同的语气，读出了不同的变化。

师：大家有没有发现这段的最后有一个标点符号？

生：省略号。

师：为什么要用省略号呢？

生：因为还没有说完，盘古还有其他的部位发生了变化。

师：对！展开你的想象，盘古身体还有哪些部位发生了奇妙的变化？用这样的句式来说一说：盘古的（　　）变成了（　　）的（　　）。

生：盘古的胡须变成了明亮的星星。

生：盘古的手指变成了雄伟的五岳。

生：盘古的头发变成了无数的宝藏。

师：是啊，盘古身体的每一部分都发生了变化。他呼出的气息，变成了……（学生说，老师板画）

师：所以我们说——（出示课件）

生：伟大的巨人盘古，用他的整个身体创造了美丽的世界。

师：同学们，学到这，你觉得盘古是个怎样的人？

生：盘古是个勇敢的人。

生：盘古是个无私奉献的人。

…………

师：我们再读读课文，让盘古高大的英雄形象刻在我们的心中。

师：读着这个神话故事，我们的脑海里出现了一幅又一幅的连环画。你们能看着板书，用自己的话把连环画的内容讲给同学听吗？

教学中，教师借助课文插图，引导学生自读课文，概括出每一部分的主要内容，然后将故事的起因、经过和结果三部分串联起来，说故事的主要内容。学生在练习过程中明白了，了解故事的起因、经过和结果有助于把握故事的主要内容，在此基础上再关注神话主人公的动作及身体变化，了解人物的精神，这样复述故事也就水到渠成了。

二、童谣——巧连生活体验的学习图式

小学语文低年级统编版教材选入了不少充满韵律感的童谣。这些童谣有着自己独特的语言魅力，简短，易懂，读起来朗朗上口，充满了童趣、童真。优秀的童谣教学利于学生想象力和表达能力的增强。小学语文图示教学正是基于学生丰富的生活经验，引领学生在生活体验中打开想象的大门，在童谣中感受语言之美，增强学生的阅读能力和语言表达能力。

1.“童言”所需

童谣是孩子从学会说话起，接触最早的一种语言艺术形式，也是孩子感知语言和运用语言的文学起点。这里以小学语文统编版教材一年级上册《天

地人》的教学为例。全文由天、地、人、你、我、他这 6 个字组成。这些都是我们日常生活中比较常用的字。首先，我们采用简单的情境导入方式，借助多媒体教学情境的创设，播放学生喜欢的旋律——欢快的《上学歌》。跟随儿歌欢快的旋律，学生快速进入了学习状态。

师：孩子们，你们是一年级的小学生了，每天清晨你们背着小书包去上学。

师：孩子们，这是星期一你们走进学校时，老师拍下的照片。你们看到了什么？

生：我看到了天空。

生：我看到了蓝蓝的天空。

师：对。孩子们，星期一天气晴朗，万里无云。你们背着书包去上学，一抬头就看到了蓝蓝的天。（出示："天"）跟着老师读"天"这个生字。

师：那孩子们，你们低下头看到了什么呀？

生：我看见了地。

生：我看见了脚下的地。

师：我们脚下踩的是平坦的大地。（出示："地"）跟着老师读"地"这个生字。

师：孩子们，你们在照片中看到了自己吗？请你们来指一指。

生：老师，这个人就是我。

师：孩子，你在那么多人中，一眼就认出了你自己。（出示："人、你"）孩子，跟着老师读"人""你"这两个生字。那你是谁呢？向大家介绍一下吧！

生：我是××，今年七岁。我喜欢画画。

师：（老师做动作）××，你是我的学生。他（她）也是我的学生。［出示："你、我、他（她）"］跟着老师读"你、我、他（她）"这些生字。

师：孩子们，他和她，我们怎么区分？

生：男孩子用这个"他"，女孩子用这个"她"。

当学生产生了识字的兴趣时，我们可以采用另一种方式，让学生感知多样化的语文课堂——孩子站起身，伸出手指来指一指。"我是×××，你是我的朋友，他是我的同桌。你和我，我和他，你我他是同学，大家团结友爱，是一家。"简单的几句童谣，让学生把"你、我、他"串联在一起。这些童谣的话语都是通俗易懂的。学生平时可能都会在不经意间说出这样的话语。在说唱童谣的过程中，教师可以指读其中的生字，让学生在语境中学习生字，将语文与学生的生活联系在一起。

2.“童心”所向

到了小学二年级下学期，学生已经有了一定的词汇积累和语言形式的体验。在童谣课文中，学生应当获得的是审美教育。教师可以利用学习图示介入学生当下生活，设身处地引领学生进入情境，让学生在情境中想象、思考、探究，向思想的“高处”去感受意象。

以小学语文统编版教材二年级下册《神州谣》为例。

师：孩子们，题目中的“神州”你可知是什么意思？

生：神州是中国的别称，也叫中华。

师：“我神州，称中华，山川美，可入画。”这是全文的总起句。大家要读出深情，读出对祖国山河的热爱和自豪之情。

师：《神州谣》中介绍了我国哪些代表性的壮丽山河？

生：介绍了黄河、长江、长城、珠峰、台湾岛的壮丽景色。

师：《神州谣》中是怎样描绘这些景色的？谁愿意来读一读。（出示：“黄河奔，长江涌，长城长，珠峰耸。台湾岛，隔海峡，与大陆，是一家。”）

师：这是中国版图。谁来中国版图上指一指这些美丽的地方？

师：谁去过这些美丽的地方旅行？或是在书中、电视上看见过这些地方？谁来说一说？

生：我到北京爬过长城。长城很长，是个大工程，是古代劳动人民智慧和汗水的结晶。

生：我在电视上看过长江、黄河的介绍。黄河的特点是河水水流湍急。长江的水量更大，波涛汹涌。

生：我的爸爸告诉过我，珠峰是指“珠穆朗玛峰”，是世界最高峰，非常的高，直插云霄。

生：我去过台湾。台湾是我国领土，永远和大陆是一家。

师：孩子们再来看看我们的大中国。（播放视频）三月里，当我们祖国北方的大兴安岭还在雪花飞舞时，海南岛上已鲜花满地；当大西北的大地依然一派毫无松动的严冬景象时，我们这边的长江两岸柳枝已经发芽。可见，我们祖国的土地多么广阔。

师：哪个孩子愿意来赞一赞咱们的神州大地？

生：我们的祖国不仅幅员辽阔，物产也特别丰富。

师：我国广袤的土地上，生活着多少个民族呀？

生：有56个民族一起生活。

师：对。“各民族，情意浓，齐奋发，共繁荣”，大家一起读，要读出各民族兄弟姐妹的团结奋进。

师：再次欣赏我神州大地的壮美山川。（播放视频）你能根据视频内容，试着编一首童谣吗？

生：祖国，我爱你，

我爱你的山山水水；

我爱你的花草树木；

我爱你的季季瓜果；

勤劳的人民，奋发向前。

师：老师也试着写了一首童谣，我们一起读。

我爱我的祖国

祖国祖国我爱你，锦绣山河多美丽。
三山五岳秀峰奇，洞庭湖中君山立。
桂林山水甲天下，万里长城数第一。
中华儿女多勤劳，处处展现新天地。

在以上的教学片段中，教师帮助学生将过往的生活体验进行再现，引领学生去渲染、去观察、去思考。以儿童的方式亲近童谣，回归本真，走近儿童，关注儿童，让学生觉得童谣不再是无声的文字，而是有鲜活生命力的音符，从而在学生心底种下爱读童谣的种子。

图式教学下的童谣就是一把金钥匙，瞬间打开了学生心中的文学之门。在童谣潜移默化的影响下，学生的语言变得优美起来，伴着儿童天真烂漫的想象，表述出来的话语是那么的富有诗意、充满美感。小学语文的童谣课堂因为有了图式教学，焕发出了别样的美丽。

三、童话——借助插图与结构讲故事的学习图式

小学语文统编版教材非常注重儿童的语言实践，将“讲故事”（即复述课文）作为重要的语文要素之一。童话是语文教材中的一种重要文体，以神奇的想象、生动的情节、灵动的形象、鲜活的语言等特点带给儿童诸多启迪和美的享受。小学语文第一学段统编版教材中童话教学内容编排数量较大，1—4 册共选用童话 29 篇，其中故事类课文足足有 25 篇，对于儿童的语言实

践能力的训练具有重要作用。学习讲故事，首先要了解童话故事的内容，对故事形成整体认知，为讲故事找准支点，而后循着故事情节较完整地讲述故事。低年级学生以形象思维为主，更易于接受直观生动的事物，而生动有趣的文本插图足够吸引学生的关注，让故事内容形象化，帮助学生融入故事情境之中，为讲故事提供陈述支架。

如教授小学语文统编版教材一年级下册《小猴子下山》时，在学生朗读课文内容后，教师出示文本插图，引导学生借助小猴子下山路线图简单地说说小猴子先后到了哪些地方，看到了什么，做了什么，让学生在形象生动的故事情境中讲故事。请看教学片段：

师：（出示玉米图）小猴子到玉米地看到了什么？

生：又大又多的玉米。

师：看到这又大又多的玉米，小猴子的心情怎么样？

生：非常高兴。

师：非常就是特别、十分、格外的意思。谁能把小猴子特别开心的心情读出来？

师：看图，小猴子看到了玉米是怎么做的呢？

生：掰、扛。

师：（出示关于掰的图片）什么是掰？

生：两只手用力把玉米从玉米秆上分开。

师：我们帮着小猴子掰一掰（一起做动作）。好不容易掰了下来，小猴子就扛着走了。为什么这里用扛呢？

生：因为玉米大、重。

师：刚才我们看到了小猴子下山来，走到（一块玉米地里），看见（玉米结得又大又多，非常高兴），就（掰）了一个，（扛）着往前走。

师：小猴子扛着玉米往前走，闻到一股香甜的水果味。那是什么呢？（出示桃子图）

师：小猴子真发现了一棵大桃树，请一位同学来读第二自然段。

师：这里的桃子又大又红，不仅红，而且多。书上用一个词可以看出桃子多。

生：满树。

师：看见满树的桃子，小猴子的心里非常高兴，它的表情怎么样？（出示图片）

生：笑得合不拢嘴。

师：它可能想到了什么呢？

生：这桃子是我的最爱。

师：于是小猴子毫不犹豫地扔了玉米，去摘桃子。（出示：“扔、摘”）谁能加上动作来读一读，让我们感受到小猴子看到桃子的喜悦。

师：这么多的桃子，小猴子怎么拿呢？（出示：“捧”）

师：（出示第三幅图）谁能根据这幅图编个故事？（出示第三自然段）看看你们填得对不对呢？指名学生读。（出示：“满地、又大又圆”）

师：（出示第四自然段）小猴子摘了一个最大的西瓜。这次它还是用手捧着吗？（出示：“抱”）

生：不是，它是抱着。

师：小猴子抱着一个大西瓜往回走，走着走着，又看见一只非常可爱的小动物，是什么呀？

生：小兔子。

师：这只小兔子蹦蹦跳跳的，真可爱！（出示：“蹦蹦跳跳”）于是小猴子又扔了西瓜去追小兔子（出示：“追”）。小猴子追到小兔子了吗？

生：没有。

师：你从哪里知道的。

生：从第五自然段知道的。

师：小猴子怎么回去的呢？（出示图）

生：垂头丧气，只能空手而归。

师：哪一个词说明小猴子此时心情难受？

生：只好。

师：小猴子为什么有这样的结果呢？

（生自由讨论）

教师使用思维导图，让故事细节化。低年级学生语言总结能力较弱，对课文内容及情节的把握需要教师的引导。教师可以在整体感知故事内容的基础上架构思维导图，让学生明析故事结构的同时，把握关键词语，补充故事细节，生动形象地讲故事。

“文学阅读与创意表达”任务群就是一个丰富多彩的文学宝库。在立德树人上，文学阅读与创意表达正是通过它的审美内容和形式发挥着独特的、具有奠基性质的作用。

第七章

“思辨性阅读与表达”任务群

“思辨性阅读与表达”是思辨性思维主导的阅读和表达，是阅读、思辨、表达融为一体的语言实践活动。它重在培养学生的思辨性阅读与表达能力、理性思维和理性精神。语言是思维的载体，也是思维的外衣。在语文教学的过程中，教师要通过语言实践活动触摸思维本质，增强学生的思辨能力，发展学生的核心素养。

第一节　说理文——明析因果的学习图式

说理文是一种剖析事物、论述事理、发表意见、提出主张的文体。作者一般通过摆事实、讲道理、辨是非等方法来明确其观点，树立或否定某种主张。说理文应该观点鲜明、层次清晰、论据充分、论证合理。说理文是帮助学生提高阅读理解水平和思维品质，形成富有逻辑性的语言表达方式的有效路径。说理文讲究谋篇布局，一字一句无不紧扣文章观点。

说理文教学的难点在于明白议论的核心以及逻辑。说理文一般会在开始列出论点，然后提出论据进行论证。教师要把握说理文的论证逻辑，利用通俗易懂的语言来引导学生的思维，让学生能够跟上教师的讲学节奏。

小学语文统编版教材六年级下册《真理诞生于一百个问号之后》就是一篇很典型的说理文。教学中，教师应紧扣文体特点进行图式建构，理清事理关系；把握结构，让学生感受“言之有理”；梳理脉络，让学生理解“言之有序”；聚焦写法，让学生内化“言之有法”；迁移运用，让学生实践“言之成理”。请看教学片段：

师：同学们，今天我们继续学习《真理诞生于一百个问号之后》这篇课文。请大家默读课文，说说本文的观点是什么？简要概括作者列举了哪几个事例来说明观点。

生：我从课文第一自然段找到了本文的观点，观点是“真理诞生于一百个问号之后”。

师：是的，这是本文的观点，也是文章的题目。

生：课文的第三到五自然段分别列举了波义耳发明石蕊试纸、魏格纳提出“大陆漂移学说”和阿瑟林斯基发现脑电波变化与做梦有关这三个事例。

师：说理文讲究摆事实、讲道理。作者正是通过列举这三个事例来证明自己的观点。这篇课文条理清晰，结构合理。

师：同学们看，石蕊试纸、“大陆漂移学说”、睡觉时眼珠转动与脑电波变化的关系，都是科学界了不起的成果。三位科学家都找到了真理。那么，他们当时是怎么找到真理的呢？请你们自由读读课文的第三到第五自然段，在书本上圈画关键词句，找一找，想一想。

师：我们来交流。

生：波义耳先是发现紫罗兰中有一种物质遇到盐酸会变红，然后想到了一连串的问题。接着通过实验，他找到了原因，发明了石蕊试纸。

生：魏格纳发现世界地图上南美洲东海岸凸出部分和非洲西海岸凹陷部分互相吻合，然后产生疑问"这不会是一种巧合吧"，接着通过比较地图上的陆地，阅读大量文献、搜集证据，最后系统整理了"大陆漂移学说"，出版了《海陆的起源》一书。

生：阿瑟林斯基发现儿子睡觉时眼珠忽然转动起来，产生一连串疑问，于是对儿子进行实验，又对成年人进行反复实验，最后揭示了眼珠转动与脑电波变化的关系。

师：同学们都找到了关键语句，也说得很准确，真了不起。我们把同学们刚刚找到的关键词句罗列到表格中。这样，三个科学家探索真理的过程就更清晰了（出示表1）。请你从横向、纵向两个方向，观察表1中的三个事例，说说你有什么发现和感悟？

表1　三个科学家探索真理的过程

人物	发现	思考	实验	结论
波义耳	溅上盐酸的紫罗兰花瓣变红了	这种物质到底是什么？别的植物中会不会有同样的物质？别的酸对这种物质会有什么样的反应？	进行了许多次实验	制成了实验中常用的石蕊试纸
魏格纳	世界地图上南美洲东海岸凸出部分和非洲西海岸凹陷部分互相吻合	这不会是一种巧合吧？	比较地图上的陆地；阅读大量文献；搜集证据	系统整理了"大陆漂移学说"，出版了《海陆的起源》
阿瑟林斯基	儿子睡觉时，眼珠忽然转动起来	为什么睡觉时眼珠会转动？这会不会与做梦有关？会是什么关系呢？	对儿子进行实验，又对成年人进行反复实验	揭示了眼珠转动与脑电波的关系

生：这三个事例中，三个科学家发现真理的过程是相同的，都是先发现问题，再不断提出问题，接着通过反复研究和实验解决问题，最后得出结论，发现真理。

师：你真善于总结。横向观察表格，我们可以发现这三个事例的最主要的相同点。从写法上看，每个事例都是按照发现问题—提出问题—解决问题的顺序来介绍的。

生：我观察第二列表格，发现他们都是从生活中细小的、司空见惯的现象中发现问题的。他们都很敏锐，能见微知著，是生活中的有心人。

师：你也有一双会发现的眼睛！是呀，生活中的事情触发了他们的科学研究。那么这些细小的事件引起了科学家们怎样的反应？

生：波义耳立即敏感地意识到紫罗兰中有一种物质遇到盐酸会变红，魏格纳表示疑惑，阿瑟林斯基感到很奇怪。他们都有着强烈的好奇心。

师：对呀，了不起的科学成果有时就源于能从细微的现象中敏锐地发现问题。

生：我观察第三列表格，发现他们都提出了好多问题。科学家们都喜欢刨根问底，还大胆地提出假设，真是善于发问。

生：我观察第四列表格，发现他们为了解决问题，都在不断探索，也付出了艰辛的努力，“进行了许多次实验”“阅读大量文献”“进行反复实验”。我想他们肯定还遭遇了失败，但他们毫不气馁，依然坚持寻求真理，具有锲而不舍的精神。

师：同学们你们真会思考。大家通过横向、纵向观察表格，不仅找到了三个事例的共同点，还从中感受到科学家们见微知著的能力，感悟到他们善于发问、勇于探索、锲而不舍的精神。

师：探索才能出真知！这些科学家取得科学成果的经过给你怎样的启发？我们接着交流。

生：我们平时要注意观察，做生活中的有心人，说不定也能有所发现。

生：遇到问题，我们要像科学家一样善于发问，勇于探索，并锲而不舍地寻求问题的答案。

生：在学习和生活中，我们应培养怀疑精神，不盲从，善于从细小的事物中提出问题并解决问题。机遇总是留给有准备的人。

师：大家说得都很好。刚刚咱们研读了三个事例，有了许多的发现和深入的感悟。其实，文中有一些句段就说出了我们的感悟。你发现了吗？找一找，读一读。

（生纷纷举手，一生朗读第二自然段，语调平稳，坚定有力，在“发现问题，不断发问，不断解决疑问，追根溯源”处加重语气）

师：你刚才说从事例中懂得了要注意观察、深入思考，通过你的朗读我们也听出了你的体会。读到第二自然段，结合我们之前的交流，你有什么发现？

生：我发现，作者叙述事例的顺序和他阐述观点的顺序是一一对应的。第二自然段中作者的观点就是真理诞生的过程是从细微的、司空见惯的现象中发现问题，不断发问，解决疑问，最后找到真理。而作者写的这三个事例也就是按照这个过程进行阐述的。

师：这是一个很重要的发现。也就是说，当你用事例说明一个观点时，事例的叙述顺序和观点的陈述条理保持一致能让你的依据更有说服力。

师：同学们，学到这儿，你知道这段话里的“?”和“!”分别表示什么吗?

生：“?”表示对现象产生了疑问；“!”表示经过不断地探索，终于发现了真理。

生：“?”表示一个接着一个的问题；“!”表示最终找到的真理。

师：那么把“?”拉直变成“!”的意思是?

生：就是“真理诞生于一百个问号之后”的意思。

师：作者这样的表达，你觉得如何?

生：这样的表达，我觉得很新鲜、很简单。

师：是的，这样的表达把一个真理说得通俗易懂、简单明了，给人耳目一新的感觉。好的，我们继续交流，还有哪些句段说出了你们的感悟和发现?也请你读出来。

(生读第六自然段，读出科学探索的亲近可感)

师：就这样读!课文写出了你的体会，你就通过朗读读出来。

(生朗读第七自然段)

师：其实这些句子能用一句话总结，是什么?

生：真理诞生于一百个问号之后。

师：品读事例，我们读懂了观点。整篇文章的结构在我们眼前也树立起来了。谁来说说?

生：课文开头两个自然段写了观点，中间部分用三个事例说明观点，最后两个自然段又写了观点。

师：说得真好，看来大家已经理清了本篇文章的结构脉络。现在我们来看这三个事例，你觉得作者选取的这三个事例怎么样?

生：我觉得作者选取的这三个事例都比较典型，与观点一致，都能证明观点。

师：这里老师有个疑问，课文写了三个事例、四处观点，这样写重复吗?为什么?请你们先独立思考，再小组讨论。

生：我觉得不重复，作者之所以用三个事例来证明观点，是因为如果只写一个事例可信度不高，没有说服力。三个事例能代表一般情况，更具有代表性。

生：我发现这三个事例也有不同之处：波义耳是英国的化学家，魏格纳是德国的气象学家，阿瑟林斯基是美国睡眠研究专家。

生：而且他们也是不同时代的，波义耳是17世纪的，魏格纳是20世纪初的，我查阅资料知道阿瑟林斯基是20世纪中期的。所以本文才可以说“纵观千百年来的科学技术发展史……”。

师：没错，选取不同国家、不同时代的典型事例，才可以做出归纳，才能说明问题。你们的发现解答了我的一大疑惑，也说明大家学会了怎样用事例说明观点。

生：课文四个地方写观点也是各有不同。一开始是把观点提出来，然后对此做出解释。写了三个事例之后重申观点是下结论，并且告诉我们怎么做，是对前面论述做的补充，使全文更完整。

师：大家分析得很到位。你们读懂了怎样把观点说得更清楚、更透彻。同学们再想一想，每个事例中的发现问题、反复实验、得出结论，作者都是着重叙述的吗？

生：不是的，作者的叙述是有详有略的，详写的是问题和结论。

师：至于怎么实验、怎么研究的，一个字都没有写。这是为什么呢？

（生迷茫。师指点题目中的“真理”“问号”）

生：为了突出真理是在问号之后诞生的。

生：没有问题就没有结论。

生：问号与真理是因果关系。

生：有这么多的问题才会有这么伟大的结论。

师：对啊！作者详写“问题”，就能更好地证明“问号”与“真理”之间的关系，从而证明观点。如果要证明“功夫不负有心人”，你认为应该将哪部分写具体些？

生：把怎样反复试验和研究的过程写具体，就能看出功夫下得多深了。

生：不写具体实验的过程，就体现不出那种坚持不懈的精神了。

师：所以，同样的事例要证明不同的观点，所侧重的角度就不一样。叙述事例时，要选取与观点相对应的内容详写，其余略写，做到详略得当。

师：那么通过本节课的学习，你知道如何用具体事例说明一个观点，让观点有理有据了吗？

生：选取的事例要典型，具有代表性，还可以引用一些名人名言来补充论据。

生：事例是为观点服务的，事例的叙述顺序要与观点陈述的逻辑保持一致。

生：叙述事例时，要选取与观点相对应的内容详写，其余略写，做到详略得当。

师：同学们总结得很到位。读着读着，我们也有了很多收获，享受着思考的快乐、发现的惊喜。这就是学习说理文的乐趣。课后，请同学们仿照本文的写法，以“有志者事竟成”为观点写一篇说理文，可以先画一画思维导图，理好思路，再写一写。

教学中，教师从事例出发提出主问题，等学生交流后出示图表，给学生以思维的脚手架，鼓励学生深入阅读，进行图式建构，引导学生对事例进行横向、纵向研读，并在综合、比较、感悟中发现事例的典型性，理解事例证明的观点。学生的学习过程充盈着思考之乐、发现之喜。学生从中获得了启发和收获。此外，教师引导学生聚焦说理文的写法，在发现、理解之后，将其内化，并引导学生进行实践运用。在这一系列学习活动中，学生建构出“事例是怎么证明观点的”这一图式，认识事例、理解观点、实践运用都自然达成。

第二节　寓言——领悟道理的学习图式

人认识世界的过程是一个不断在经验中思考和探索的过程，是一个透过现象，不断去伪存真，在思辨中认识本质的过程。杜威曾说，教学就是要教会学生思维。“思辨性阅读与表达”任务群教学从某种意义上来说是培养学生批判性思维能力的发展型学习任务群，旨在引领学生依托文本，通过比较、分析、反思、评价等方式，将文本内容与自我生活建立联系，从而领悟道理，明了意义，积淀素养，获得人生智慧。从这一角度来看，寓言教学与之有较高的匹配度。

寓言是文学作品的一种体裁，多为带有劝谕或讽刺意味的小故事，广受读者的喜爱，更是儿童阅读材料中不可或缺的内容。寓言具有鲜明的教育性和讽刺性，一般篇幅都比较短小，语言精辟简练，表现力极为丰富，常采用借喻等手法，在小故事中表达富有教育意义的主题或意蕴深刻的道理。俗话说，理不辨不明，寓言教学的难点正是“明辨”。这就要求教学互动的过程既要避免“灌进去”式的“辨”，也要避免“一根筋”式的“辨”。因此，在教授寓言的过程中，教师应紧紧围绕“思”与“辨”，启迪学生建构阅读、思考和表达三位一体的学习图式，即将阅读与思考相结合，引导学生经历“读故事、思文理”“循线索、明常理”“品细节、评事理”“观自我，悟哲理”的学习体验，从而在思辨性阅读与表达的实践过程中将寓言的学习提升到促进生命成长的高度。

《小马过河》是小学语文统编版教材二年级下册的一篇课文，是一篇经典的寓言类童话故事。故事围绕“过河”，展现了不同的动物对“河水是深还是浅”的不同认识，而河水深浅不同这一现象是具体参照物不同使然。全文根据事情发展的顺序展开，在表达上则以对话进行串联。全文通俗易懂，富有童趣，且意味深长，非常适合低年级学生在阅读与思辨中发展语文实践能力并建立自己对现实生活的认知。

基于以上教学认识，对应教学目标，结合学生的认知特点，以寓言学习图式为基本参照，教学片段呈现如下：

师：同学们，今天老师给大家带来了一位新朋友，它是一匹小马。它要给我们讲一个故事。这个故事叫《小马过河》。想听吗？（板书：“小马过河”）

生：想听。

师：看到这个题目，你想知道什么？（为什么过河？怎么过的？过河了吗？……）

（教师范读之后请大家自己来读这个故事）

（生自由读文本故事）

师：课文写了一件什么事？

师：这篇课文是按照事情发展顺序记叙的。既然是事情发展顺序，就有故事的起因、经过和结果。我们把这篇课文按照故事的起因、经过和结果分为三个部分。（出示课件）我们可以一个部分一个部分地来说。

生1：第一部分（第1—3自然段）写小马在往磨坊去的途中遇到一条小河。这是起因。

生2：第二部分（第4—7自然段）写小马不知河水的深浅，不知道该怎么办，就回家去问妈妈。这是经过。

生3：第三部分（第8自然段）写小马最终通过自己的尝试过了河，而且还明白了一个道理。这是结果。

师：同学们说得都很好。接下来，就让我们走进课文，和小马一起去经历。请大家默读课文第一部分，想想小马为什么要过河？它遇到了什么困难？

（生默读）

师：小马愿意帮妈妈做事吗？（愿意）你从哪个词体会到的？

生：课文中有一句话“怎么不能”。这是一个反问句，表达了很肯定的态度，说明小马很想向妈妈证明自己已经长大了。

师：你真会读书，能从小马说话的语气中感受到小马的想法！小马来到河边，它心里是怎么想的？你能从小马的心理活动中体会到什么？

生1：小马想，河上没有桥，我该怎么过去呢？

生2：小马想，河水深不深呢？我能不能蹚过去呢？

生3：小马想，我要不要回家问问妈妈呢？

师：小马这时离家太远了，真是远水解不了近渴。它该向谁求助呢？我们请一位同学读课文第4—7自然段。大家一起来了解。

（指名读课文）

师：小马分别问了谁，他们都是怎么回答的呢？到底谁说的是对的呢？请4人小组一起学习、思考和探究。

（小组学习）

师：小马分别问了谁？得到了什么答案？

生：小马分别问了老牛和松鼠。老牛说，“水很浅，刚没小腿，能蹚过去”。松鼠说，“小马！别过河，别过河，你会淹死的”。而且松鼠还告诉小马，它的伙伴就淹死在这条小河里。

师：真棒！你们读课文真仔细，交流也很有条理。能读出小马、老牛和松鼠说话的语气吗？谁来试一试？

(学生踊跃读课文，教师点评)

师：大家读得都很好，可是问题来了，河是同样的河，为什么老牛说河水很浅，能蹚过去，松鼠却说河水很深，还淹死过它的伙伴呢？请大家想一想，然后在小组中各抒己见，讨论一下。

(学生思辨、讨论)

师：哪个小组来说说你们的想法？

小组代表1：我们觉得老牛和松鼠都没有骗小马，他们说的都是对的。

师：为什么？

小组代表1：老牛告诉小马的是它蹚过河的经验。松鼠的小伙伴也确实淹死在这条河里。这条河对松鼠来说就很深。

师：说得不错，有没有小组代表要补充？

小组代表2：我们小组也是这么认为的，老牛和松鼠讲的都是真的，不同的是，老牛比较高大，松鼠比较矮小，所以，同样一条河，对老牛来说很浅，对松鼠来说就很深。

师：大家觉得呢？（学生纷纷点头赞同）小马不像老牛那么高大，也不像松鼠那么矮小，那么，这条河对小马来说是深还是浅呢？小马该怎么办？你们帮小马想想办法。

生1：可以和老牛、松鼠比一比身高。

生2：可以再去问问有经验的动物。

生3：可以根据自己的身高情况去试试，不过，试的时候要特别小心。

师：你们都是会思考、善于分析的孩子！小马怎么做的呢？请大家读读下面的内容。

(生读课文)

师：小马是怎么做的？

生：小马还是跑回去问了妈妈。妈妈告诉它要自己试一试才知道。小马就回去试了一试。

师：尝试的结果呢？

生：河水既不像老牛说的那样浅，也不像松鼠说的那样深。

师：原来，对小马而言，河水不深也不浅呀！同学们，这个故事读到这里，你有什么发现或者启发吗？

生1：我觉得任何事都不能光听别人说，还要自己去尝试。

师：你是一个勇于尝试的孩子！有没有其他观点？

师：什么都可以尝试吗？再读读课文，看看妈妈是在什么情况下做出了让小马自己试一试的指导的？

（学生读文）

生：妈妈是先听小马说了前因后果之后才让小马去尝试的。

师：同学们，前面毕竟是一条河，如果小马身高不够，蹚过去是有生命危险的，所以，光勇敢不够，妈妈也肯定不会让孩子去冒险。请大家再读读小马问妈妈的这部分内容，看你还能读出什么？

生2：妈妈了解了前面老牛和松鼠的事情之后，才让小马去试一试的。

生3：我还有补充，妈妈生活经验丰富，了解老牛、小马和松鼠的身高，也知道这条河的深浅，所以就让小马大胆尝试。

师：所以，河水是深是浅，不是绝对的，是——（相对的）。对不同的人来说，河水的深浅也——（不同）。而能不能过河，要不要尝试，首先要做的是——

生1：根据事情的经过分析原因。

生2：根据不同的情况，结合我们的生活经验进行分析。

生3：根据生活经验，结合事情进行分析，再根据现在的情况做出判断。

师：看来大家通过这个小故事，获得了很多启发。让我们再次朗读课文，将你们的思考和收获融入其中，由此读出文中不同角色的语气。

寓言讲的是故事，传递的却是人生智慧。在寓言教学的过程中，思辨是火花，能激发每一位学生的思维。教学中，教师根据学习图式建构的原理，以结构化的方式引领学生学习。在第一个层次，通过梳理课文，带领学生理清课文脉络，了解课文是按照事情发展的顺序来叙述的，使学生对课文的起因、经过、结果有所认识。在第二个层次，教师重点引导学生通过小马的"问"，思考"为什么老牛说河水很浅而松鼠却说河水很深"，指导学生以循证思维进行思辨，从而发现因为主体（老牛、松鼠）不同，对河水深浅的感知也就不同。这是事物的相对性，也是生活的常理。在第三个层次，教师将思辨的重点上升到事理层面，引导学生思考如何处理"过河"的问题：光有尝试的勇敢远远不够，还需要前后关联地思考，结合生活实际进行思辨，方能给出真正解决问题的办法。这就是具体问题具体分析的事理。对文理、常理、事理的三级思辨使学生在一篇寓言的阅读中体验着思辨的妙趣和生活的旨趣。

在小学语文统编版教材中，有一些寓言是以小古文的方式出现的，如《守株待兔》等。在教学的过程中，教师一方面要关注对文本本身的思辨，即辨音、辨意、辨韵等，另一方面则要关注对包含在故事中的理趣之思辨。请看教学片段：

师：（出示图片）同学们学过寓言故事吗？寓言故事有什么特点？下面考考你，根据图片能不能猜出故事名称？（守株待兔）古人写的寓言故事叫文言文寓言。守株待兔这个故事我们都了解过。今天我们看看古人是怎么讲这个故事的。（师随机指导“株”“待”的写法）

师：“株”是什么意思？“守株待兔”是什么意思？读了标题，你想知道什么？

生1：我想知道什么是株？

生2：我想知道那个人为什么要等兔子？

师：这些问题的答案就藏在课文里。请你打开课本，结合注音，借助课后生字表，读准字音，读通课文，难读的地方可以多读几遍。

师：现在我们请一位同学读读课文。

（生1读课文）

师：同学们一起来看“折颈而死”中的“折”。大家做一做“折”的动作。“颈”应读第三声。自己读读，体会体会。

师：（出示“冀”字读音）请大家比较一下“冀”与“翼”，能组个词吗？

生：羽翼、希冀。

师：“身为宋国笑”。[出示：“（wéi）1. 做，行，做事；2. 当作，认作 3. 变成；4. 被。（wèi）1. 替，给；2. 表目的；3. 对，向。”] 在本句中，“为”读哪个音？

生：应该选第一种读音。

师：会思考了，真好！我们一起来读一读。

宋人/有/耕者：宋国有（一个）农夫。（板书：“耕者”）

田中/有/株：（他的）田里有（一个）树桩。（板书：“有株”）

兔/走/触株，折颈/而死：（有一只）兔子跑过来，（头）碰上了树桩，折断了脖子死去。(板书:“触株而死”)

因/释/其耒/而/守株,冀/复得/兔:因此,(他)放下他的耒守候着树桩,希望再一次得到兔子。(板书:“释耒守株冀复得”)

兔/不可/复得,而/身/为/宋国笑:兔子是不可能再一次得到的了,而他自己被宋国的人们嘲笑。(板书:“为宋国笑”)

师:在读课文的过程中,你能读懂哪个问题?

生:我能读懂谁在等兔子,为什么守着树桩等兔子。

师:读读第一句,说说谁在等兔子。这个人是干什么的?

生:一个宋国人在等兔子,这个人是种地的农民。

师:请大家看图,图中除了有农夫还有什么?

生:还有又大又肥的兔子。

师:这只又肥又大的兔子,为什么会被农夫得到?

生:兔子跑得快,撞到树桩上死了。

师:白白捡到又肥又大的兔子后,农夫是怎么做的呢?

生:农夫就不干活了,只等着下一只兔子撞到树上。

师:课文的这句话里,“耒”是生字,它的意思是什么?(出示“耒”的图片,上面有把手,下面有犁头,它是翻土用的农具)想一想你认识的字中,哪个是以“耒”做偏旁的?(随机板书:“耕耘”)观察字形,结合图片,联系生活实际,你发现了以耒做部首的字大多和什么有关?(板书:“耒”)

生:一般都和农具有关。

师:很聪明!耒的字义你们已经了解了,“释其耒”呢?原文中是怎么说的,谁来读一读?

生:因/释其耒/而守株,冀/复得兔。

师:按这句话的意思,应该怎么排列?

生:冀/复得兔,因/释其耒/而守株。

师:所以这里的“因”怎么理解?是原因还是因此?

生:因此。

师:他这样一直等,有什么收获吗?(板书:“收获”)读读课文,找找答案。

生:他一无所获,成了一个笑话。

师:此时此刻你体会到了什么?读懂了什么?带着你的感受读出来。

(师引生读)

为了肥美的兔子，这个农夫不吃饭、不喝水，他——

烈日炎炎，地里的禾苗仿佛在呼喊：我快要渴死啦，谁来帮帮我？农夫却——

寒风呼啸，地里的庄稼仿佛在哭泣：我们要冻死啦，谁来救救我？这个农夫仍然——

师：读了这则寓言，你想对农夫说什么呢？把你想说的话简单写写吧。

（生写下想对农夫说的话）

师：你想对农夫说什么？

生1：农夫啊，天底下不可能天天有兔子撞死的事，你醒醒吧！

生2：农夫，农夫，你赶紧认真种庄稼吧，不要等天上掉馅饼啦。等你的庄稼都死光了，后悔就来不及了。

生3：农夫啊农夫，一分耕耘一分收获，不劳而获的事情不可能天天都有的。

师：的确，不能把偶然的现象当成经常发生的事。只有认真耕耘，才能有好的收成。种庄稼是这个道理，生活中的很多事也都是这样。我们一起来读课文，明辨故事中的道理，汲取生活中的智慧。

“思辨性阅读与表达”任务群的教学实践在寓言教学的过程中重在把握一个“辨”字。读的是文，辨的是理。辨的过程不是和别人“过不去”，而是让自己的内心越来越明确乃至越来越明朗。通过理性的思辨，学生经历合理求证和审慎思考并提出观点（主张），阐明道理并形成基本认识的过程。

我们在进行“思辨性阅读与表达”任务群的教学设计时，既需要在情境创设、资源整合中设计可以思辨的环节，也要注重引导学生在比较、推断、讨论等思辨活动中学习思辨，更要重视对学生思辨过程、成果的评价。

第八章

“整本书阅读” 任务群

现行小学教材“快乐读书吧”内容板块开启了小学整本书阅读的课程化道路。基于新课程标准“读好书、读整本书”的理念如何实践整本书阅读教学？本章拟围绕此进行探讨。

第一节　对整本书阅读的基本认识

在小学阶段尚未进行整本书阅读课程化实践时，整本书阅读在初中及高中阶段的课程化实践已经开始。其间，有很多小学教师就整本书阅读进行了不少有益的尝试，做出了很多有价值的探索。本节拟通过文献检索，摘录相关实践研究者的观点来反映整本书阅读教学研究的一些现状。

一、整本书阅读教学存在的机遇和挑战

徐鹏指出：无论在当前还是在未来的课程体系中，开展整本书阅读教学都面临着诸多挑战，比如教科书如何与整本书阅读对接，课堂教学如何融入整本书阅读，学业评价如何考查学生的整本书阅读能力。

管然荣、陈金华论述了整本书阅读教学中要理顺的三种关系：继承与发展的关系、整本书阅读与语文课程的关系、整本书阅读教学与单篇短章阅读教学的关系。同时，他们提出，整本书阅读教学面临三个方面的问题：如何应对整本书阅读课程体系尚未健全，能够让各地各方认可的阅读书目尚未编制出来；如何让语文教师具备整本书阅读完全的实施和开发能力；整本书阅读如何评价。

王立剖析：整本书阅读要进入课程继而成为较为理想的教学形态，面临着较多的难题。第一难题也是最根本性的难题，是阅读的自发性与课程的规定性二者之间的冲突。其次是课程具体实施难题。例如：面对中小学较重的课业负担，面对深度阅读式微的社会现实，落实学生的读是存在难度的；对学生的评价要素多属于隐性的能力和情意结构，这就给评价带来较大的困难。而上述难题的根源是对整本书阅读建构背后的课程模式选择问题。在实践中需要找到目标模式和实践模式的平衡点。

王冬华以 DS 附属实验学校小学高年段为研究对象，发现整本书阅读教学的过程主要存在教师指导有待提高、学生自主阅读有待完善、家校衔接有待加强三个方面的问题。

姜树华指出，整本书阅读教学存在导读内容“程式化”、阅读推进“较机械”、交流分享“被动状”的尴尬现状。

谢玉琴通过对两个不同地区的小学高年段进行整本书阅读教学现状调查，发现小学高年段整本书阅读教学主要存在学生阅读兴趣不足、阅读内容类型

化、阅读方法运用不当、阅读指导及反馈有待加强的问题。

关舒文、吕立杰指出教师在整本书阅读教学中面临角色困境——弱化知识权威的挑战、行为困境——跨界阅读行为的冲击、思维困境——扁平阅读思维的束缚三大困境，需要从教师角色、教学行为与思维方式三方面突破。

李卫东指出整本书阅读教学存在性质定位过于狭窄、教学内容偏于随意、教学方式过度结构化、测量评价偏于僵化四种偏向。

二、整本书阅读教学设计的研究

（一）教学目标制定方面的研究

学者们认为整本书阅读教学目标的制定应不再局限于知识的传授，而应全方位提高学生的核心素养。

李煜晖认为确定整本书阅读教学课程目标时，可从新课标提出的“语言建构与运用”“思维发展与提升”“审美鉴赏与创造”“文化传承与理解”四项核心素养出发，基于阅读与鉴赏、表达与交流两种实践活动类型来达成语言、思维和价值三个方面的课程目标。在描述目标具体内容时要注意因书册而异，因学情而异，注重整体性和综合性。

张小兵、倪峰指出：整本书阅读的课程目标主要包括形成良好的阅读习惯，认识并掌握阅读不同文本的一般方法，形成包括意志力在内的阅读能力，促进个性化阅读趣味的形成。整本书阅读教学是为了让学生学习阅读，教会学生如何阅读，并最终发展学生的阅读能力，提高学生的阅读素养。

（二）教学内容选择方面的研究

李怀源指出：整本书阅读的书目的选择包含着质量和数量两个方面。数量方面的选择要从学校具体的教学情况和学生年龄特点出发，质量方面的选择则要从能够增进知识，能够锻炼学生阅读能力，能够开启智慧、启迪心灵和传承文明的角度，本着东西合璧、古今结合的原则，在师生经历自我判断的过程中，结合教材内容、学生兴趣、教师取向、作品价值进行。

虞跃容认为选择书本时要考虑学生的兴趣，才能更好地培养学生的阅读习惯，增强学生的阅读能力。另外他还提出书本选择数量不要强求统一，符合学生实际情况即可。

（三）整本书阅读教学评价方式的研究

吴欣歆提出：整本书阅读的评价目的在于判断学生现有的阅读水平，借助明确清晰的评价标准推进学生阅读能力的提升，在此过程中实现评价标准的内化，让学生带着明确的标准开启未来的阅读。评价主体主要是阅读的相关人员，比如教师、学生、同伴、家长等。评价方式以表现性评价为主，重点关注学生的阅读状态和质量。

倪岗在《中学整本书阅读课程实施策略》中展现了阅读过程性评价实施的可能和空间，他指出：凭“调查问卷”做诊断性评价，测评学生阅读的起点；借“思维导图自我督查促读表”引领学生走进课外阅读；用“问题新发现记录表”点燃学生在课外阅读过程中思考的火花；以“小论文学生互批评价量表”引发并深化学生课外阅读过程中的思考。这样的评价不再界定学生阅读的结果，而是转向调整、促进评价与阅读不断地相互渗透、转化，从而提高整本书阅读的效率和质量。

三、小学整本书阅读教学的实践研究

（一）教学环节实施的研究

张敏指出，教师要做好整本书阅读教学工作，应把握好四个课型——好书推荐课、汇报交流课、比较阅读课以及创意读写课，同时介绍了图文结合、略读、精读、速读和批注阅读五种阅读方法。

钱荃、周姮将阅读教学分成阅读前的指导、阅读中的推进、阅读后的提升三个关节点。阅读前的指导重在激趣，可以通过教师朗读、设置悬念、阅读推介会和封面导入这几种方式开展。阅读中的推进可通过阅读交流、读法指导、课题式研读和阅读单指导开展。阅读后的提升可采用阅读分享、拓展阅读和创意读写这几种方式开展。

（二）教学策略运用的研究

瞿卫华结合自身的实践经验，提出了小学高年级整本书阅读教学的实施方式。① 立体推进：“共读”与“漂读”相结合，辅导与自主相济。② 单元架构：“教材”与“整书”相融通，对流与补充相济。③ 资源再用：“阅读”与“实践”相联手，吸纳与倾吐相济。④ 平台互动：“自读”与“互读”相补充，独学与分享相济。

郑桂华认为教师可以从阅读共同体的培养、阅读任务的设计、阅读过程的监控、阅读成果的强化这四个方面进行努力。而居于教学工作核心地位的是阅读共同体的构建，比如引导学生成立读书小组，组织作品朗诵会、分享阅读心得、展示阅读笔记、举办读书报告会等系列活动。

裴杏平认为整本书的阅读指导要立足整体，根据学生的年龄特点确定读的方向，用话题去引领，通过开展好书评选、拓展新知、深耕精读、思想交流等多种形式的读书会，让学生学会从阅读中学习。

吕莉欣结合理论与教学经验，从教学准备阶段、教学实施阶段和教学评价阶段对当前小学语文整本书阅读教学存在的问题提出优化策略。她指出：在教学准备阶段要合理选择书目、优化教学目标；在教学实施阶段要确保共读时间、确立教法、组织活动；在教学评价阶段要丰富评价方式、健全评价主体。

卢群分别针对小学高学段整本书阅读教学前、阅读中和阅读后三个阶段提出建议：在教学前的书目选择环节，要以学生的阅读兴趣为主，指导选书，并允许学生自主选书；在阅读的过程中要运用丰富的阅读形式加深学生的阅读体验，培养学生的整本书阅读能力，巩固整本书的阅读成果；在阅读后家校要联合对学生的整本书阅读情况进行评价和总结，增强学生的阅读自信心。

吉忠兰运用自身的教学经验，针对不同体裁的"整本书"设计整本书阅读教学方案，探索整本书阅读教学策略，为一线教师开展整本书阅读教学提供新思路。

还有学者就整本书阅读的开展模式提出建议。李卫东提出运用混合式学习方式推进整本书阅读，充分利用课堂阅读、网络阅读、自主阅读，将三种阅读方式整合在一起，形成完整的整本书阅读体验课。混合式学习不仅解决了目前开展整本书阅读教学时间限制的问题，也很好地平衡了精读与泛读之间、课内与课外阅读之间、正式学习与非正式学习之间的关系，有利于整本书阅读教学的顺利实施。

尹华筝从课程设计的视角提出优化整本书阅读教学的策略，论述了整本书阅读课程设计的含义与意义，对整本书阅读课程目标、课程内容、课程实施的设计做出了指导。

（三）自主阅读方法和技巧

斯蒂芬·克拉生在《阅读的力量》一书中提出"自由自主阅读"的主张，讨论并落实了解决阅读书目、阅读时间、指导方法等问题的方法，为教师和学生开展整本书阅读指明了方向。

吉姆·崔利斯在《朗读手册》一书中通过对具体案例的分析与解读，从阅读的角度出发，提出运用"持续默读"的方法。他认为"持续默读"是整本书阅读教学的有效方法之一。

莫提默·J. 艾德勒和查尔斯·范多伦在《如何阅读一本书》中对不同文学体裁的书籍阅读提出了不同的阅读方法，为当下阅读不同的文学体裁的"整本书"提供了明确的方法指导。

综上所述，对整本书阅读的教学实践与研究为许多教育理论研究者和教育实践工作者所关注。他们在整本书阅读教学策略和方法采用等方面都有了相关研究成果。但不能否认的是，目前无论在小学还是在其他学段，整本书阅读教学的环境困境和实践困惑依然不少。因此，在新课标理念视域下，以“快乐读书吧”为切入点，进行小学阶段整本书阅读课程化的实践研究的价值已然凸显。

第二节　整本书阅读的实践模型

“快乐读书吧”是现行小学语文教材中具有创新意味的板块。这一“创举”使小学阶段的整本书阅读走上了课程化道路。新课标明确了多读书、读好书、读整本书，增强课程实施的情境性和实践性，促进学习方式变革的课程理念，使整本书阅读在语文课程与教学中的重要性和必要性再次得到确认。关于整本书阅读的学习实践，新课标要求如下：“根据阅读目的和兴趣选择合适的图书，制订阅读计划，综合运用多种方法阅读整本书；借助多种方式分享阅读心得，交流研讨阅读中的问题，积累整本书阅读经验，养成良好阅读习惯，提高整体认知能力，丰富精神世界。”这无疑给了教师更多关于“快乐读书吧”教学实践思考、想象的空间。基于此，在新课标视域下如何体现“快乐读书吧”的育人价值，怎样观照学生的学习特点和认知规律，以课程实践的方式优化教学，促进学生核心素养的培育，成为一线教师实践探索的重要命题，而这个探索包括学习目标建构、学习内容组织、学习时间安排、学习流程设计、学习策略匹配、学习资源配给、学习评价设计等具体的内容，是一个科学、专业、完整的过程。因此，本节拟从建构目标体系、研制学程体系、研发评价体系三个方面探讨“快乐读书吧”教学的思考与实践。

一、建构目标体系以突出育人导向

以“快乐读书吧”为呈现方式的整本书阅读是语文课程的重要内容。新课标指出：“义务教育语文课程围绕立德树人根本任务，充分发挥其独特的育人功能和奠基作用，以促进学生核心素养发展为目的……提升思想文化修养，建立文化自信，德智体美劳得到全面发展。”由此，“快乐读书吧”教学首先需要突出育人导向，建构科学的目标体系。一方面可以更加凸显语文课程的课程本质、课程理念；另一方面可以统领课程实施与学习评价过程，凸显语文课程教育价值。

“快乐读书吧”作为一个单独的学习板块被有机安排在一至六年级每一册语文教材中，且每一册“快乐读书吧”有着不同的阅读主题和不同的阅读重点。从教材编者的角度，这也许体现了学习的阶梯性，但从教师教学的实际来看，这可能导致目标定位的片面和局限。因此，为优化“快乐读书吧”

学程，我们需要系统建构课程目标，且在建构过程中应充分考虑学生与学习的特点，遵循整体性、连续性和发展性的技术原则。

具体言之：① 整体性所表征的既是整个语文课程的目标，也是“快乐读书吧”学习的目标，指向学生核心素养的培育，指向文化自信、语言运用、思维能力、审美创造的整体发展的整体描述。同时，整体性的逻辑还体现在建构目标体系的过程中，以学生生命成长为视野，以义务教育阶段，至少是整个小学阶段为学程语境，围绕核心素养四个方面对学习目标进行整体、系统叙述。② 连续性表现出学习目标的阶段性和阶梯性，而这些阶段性目标之间又具有学段衔接、承上启下的内在关联。这不仅体现在学习某一个内容模块时，育人过程的完整与连续，还体现在整个小学阶段“快乐读书吧”每一个学习阶段之间的连续与持续。③ 发展性是学习目标本身所具有的特性。“快乐读书吧”指向学生核心素养的发展，通过具体文本、某一本书或某一类书的阅读实践，促进学生语言理解与应用能力、思维与审美创造能力、文化积淀与文化自信意识的发展。

另外，“快乐读书吧”是语文课程内容之一，因此，建构“快乐读书吧”学习目标时须兼顾其所具有的语文课程的育人共性和其所独有的整本书阅读的育人个性，应以学生学习为立场，采用表现综合能力（素养）的教学目标表达模式，即“知识（广义）+认知过程+认知加工对象”的结构。这样才能使师生明白学习之路向何处延伸，该如何踏上这条发展之路并知道凭何前往。

二、研制学程体系以突出实践导向

“学程”与“教程”均属课程话语，两者是相对应的概念。“学程”指的是学生的学习历程，关注学生应该学什么，怎么学，学到什么程度。“教程”注重课程运行过程中教师做了什么，即从教师立场设计、实施教学，较少兼顾学生立场。在新课标视域下，对“快乐读书吧”的学习，从学程体系建构的角度思考与实践，既与新课标以“学习”表达的视角一致，又与新课标反复提示遵循教育教学规律、根据学生年龄特点和认知规律相契。以课程逻辑系统思考“快乐读书吧”的学习，通过研制专业、科学的学程体系，优化学程推动整本书阅读课程化进程，是对新课标把“整本书阅读”作为拓展型学习任务群的积极回应。

依据新课标要求，根据教材编写安排，我们可初步形成一些对“快乐读书吧”教与学的基本理解和实践认识，如：“快乐读书吧”有助于激发学生的阅读兴趣，有助于促进学生养成良好的阅读习惯；推进“快乐读书吧”的学习有利于引导学生（也包括教师）读起来、读进去、读出来，提升核心素养等。尽管如此，实施“快乐读书吧”的教学对教师来说还是有一定的难度，因为课程执行具有实践性，不仅需要教育理论的支持，而且需要实践性知识的支持。教师要不断思考该明确什么、坚持什么、抛弃什么、创造什么。“快乐读书吧”的教学包含着课程与教学的基本原理。据此，我们从优化学程入手，观照学习各要素，研制“快乐读书吧”学程体系（图 8-1），形成了学习图谱。

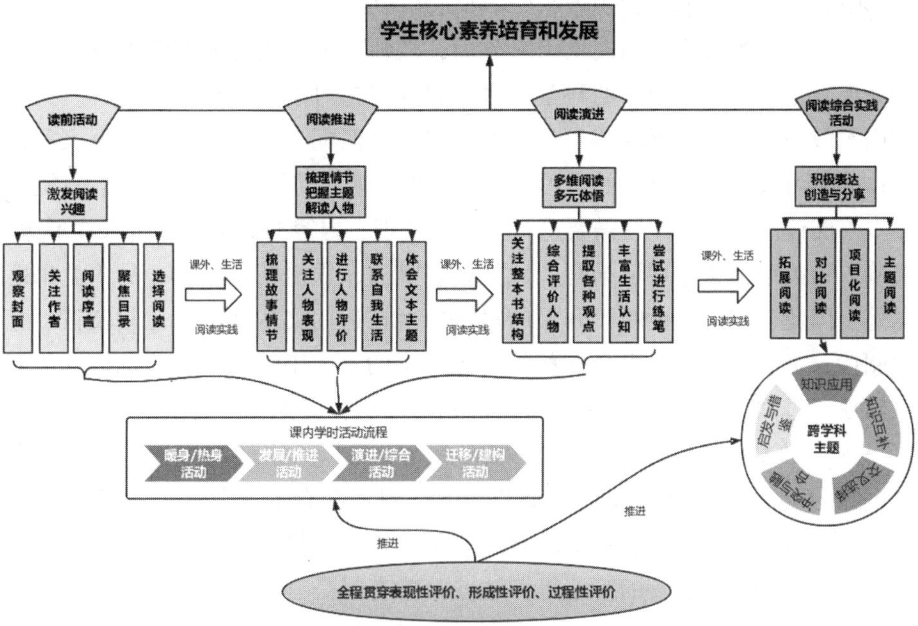

图 8-1 **“快乐读书吧”学程体系图**

在具体的学习实践过程中，有三对关系需要处理好：

第一，学程与学材的关系。从教材来看，每一册“快乐读书吧”都有自己的主题。从这些“主题”可以发现，“快乐读书吧”的阅读内容指向的不是一本书，而是一类书。因此，选好作为课程学习的“那一本”非常关键。如何选？一是根据“快乐读书吧”所在的单元，选择单元例文涉及的书籍。二是在“快乐读书吧”或新课标推荐的阅读内容中选择。三是根据学习需要和学生的阅读兴趣，按照《中小学生课外读物进校园管理办法》的规定，从中外各类优秀文学作品中选择合适的读物。这种选择学材的方式，在根据阅读主题向学生推荐一类读物时同样适用。

第二，学程与学时的关系。观察教科书可知，“快乐读书吧”的教学大多被安排在第一或第二单元（四年级上册和六年级上册除外）。且就整本书阅读而言，即使是阅读速度最快的学生，也不可能在有限的教学课时中完成精读。因此，“快乐读书吧”的教学绝不是用一个或几个课时就能完成的“任务”，它的学时构成应该是阶段式的，是课内学时+课外时间的组合。课内学习以教与学的互动为主，进行有指导的支持型阅读实践体验，课外学习则以自主阅读实践为主，进行基于学科主题和大任务情境的阅读实践体验。由此可知，打破原有的学时概念，实现课内、课外学习时间的融通，应是“快乐读书吧”学时设计的应然决策和实然需要。

第三，学程与学策的关系。一方面，教师要了解人是如何学习的、学习是如何发生的，基于学习的科学原理，根据目标对学习进行逆向设计。另一方面，教师应根据学习内容和学生的学习特点匹配具有引领、启发意义和可操作的学习策略，在具体的学习大情境中以召唤性的学习任务推进学习体验。整本书阅读的过程中往往需要进行情节的梳理、内容的概括，分析人物形象，明确人物关系，关注环境描写，感受语言魅力，领悟精神主旨，品鉴全书意味等。因此，在指导性阅读开展的过程中，在运用文本细读、比较阅读、拓展阅读、个人探究与小组合作相结合等基本的、常用的阅读策略的同时，我们建议通过“学习单”为学习匹配可见、可感、可操作、可表达逻辑关系、可呈现学习过程的阅读策略。如：梳理情节，可以运用“波浪图”或“时间轴”来进行，若认为情节比较复杂，可将两者结合起来使用；解析人物形象，可用摘录人物表现、形成综合观点的策略；把握表达主题，可用关注人物观点、形成自主思考的策略等。这些策略有时是有助于理清关系或逻辑的思维导图，有时则是启发思维、有利于分析和概括的层级表格，均为教师根据学习目标、主题，结合学情，支持与推进学生学习的教学创造。

综上所述，在“快乐读书吧”的教学中，始终突出的是学习与实践，始终主张的是经历与体验，始终关注的是过程与建构。因此，在进行学程体系建构和完善的过程中，我们要关切学生意义感的获得、自我感的实现和效能感的彰显。

三、研发评价体系以突出发展导向

新课标明确语文课程评价包括过程性评价和终结性评价。过程性评价不仅为教与学的改进提供证据，还为学生的语言学习与个人成长给予帮助和激励。终结性评价，从课标的表述可理解为过程的阶段性评价，是对学生语文学习与素养发展阶段水平的评价，是回顾、反思、改进教与学的重要依据。据此，“快乐读书吧”的学习评价以促进核心素养发展为导向，既关注阶段目标的达成，也重视学习过程的表现，通过关照教与学的双向互动和改进，融通学校学习和生活实践，实施多类情境、多元主体、多维层次、多种途径、多样方式相结合的评价。

第一，以课堂教学为观察点进行评价。课堂是学习的主渠道，也是教与学互动最频繁、最有效的场域。以课堂教学为观察点，观察的主体是教师和学生，观察的客体是学生、教师以及教与学的过程和结果。评价的主要方式是基于课时学习目标开展的教学理答和课堂观察，评价的工具则是课堂学习单（包括作业练习等）和课堂观察单。如《男生贾里全传》推进课的学习目标主要有：尝试并学会在众多人物中聚焦主要人物和主要事件；梳理情节并对书中主要人物做出评价，在与生活建立联系的实践中，领悟故事主题；迁移阅读策略，在阅读贾里和家人、老师、同学间的故事中，得到真善美的熏陶。在教学过程中，教师与学生便依据此目标，以学习单导引阅读实践，并通过课堂间的生生交流与师生互动以及作业完成情况，对学生个体或小组群体乃至班级整体的学习进行即时评价，同时执行教学的教师或其他观察者也通过学习观察记录，对某一名学生进行个体化的学习评价。课堂观察单更多是在教学案例研讨和跟踪式学习评价情境中使用，为形成关于某名学生课堂学习的评价以及对某一课时的教与学情况进行整体评价提供依据。

第二，以生活实践为观察点进行评价。基于“快乐读书吧”进行的整本书阅读实践大部分需要在课外生活中进行，因此对学习的评价也必须要从课内延伸至课外。以生活实践为观察点的评价，评价主体除了教师与学生之外，还有家长。生活中的阅读实践较课内而言，历时较长，不易观测。因此，如何让学习历程可见，怎样发挥好家长作为重要评价主体的作用是进行有效评价的关键。教师可以利用拓展阅读与生活阅读，引导学生基于学习任务制订课外阅读计划，根据阅读计划记录每天阅读实践的情况或收获，如进行阅读摘录、批注，学写阅读笔记，将自己梳理、分析的成果以图表或绘画（如人物形象分析）的方式进行表达，向家人或朋友介绍书中的人与事，与家人或同学分享阅读感悟交流等。生活阅读实践一个阶段后，教师还可以课内交流和随机分享的方式邀请学生进行好书推荐，发起阅读笔记、阅读作业展示分享会等。由此，可以形成每名学生课外阅读实践的学习档案，再集合各评价主体的评估意见，即能相对客观地对学生的学习进行评价。

第三，以学科、时空融通为观察点进行评价。新课标指出过程性评价要拓宽评价视野，倡导学科融合，注重校内外评价的结合。“快乐读书吧”的学习评价应从学科、时空融通的角度进行全过程、全阶段的评价，应是贯通课堂教学和课外生活阅读实践的评价。其评价内容不仅是教师之教、学生之学、家长之助、社会之促，还考量教与学之间的互动流变及关联效度，体现学科学习与跨学科学习的能力，呈现学校、家庭、社会情境的关联状况与育人目标达成的关系。这样的评价重在通过过程与结果，发现内在关联并以关系的思辨推进课程实践的发展，推动各相关关系联结者的发展。因此，这一层面的评价中，评价主体更加多元，评价内容更加广泛，评价方式更加多样。除了上述方式，还可增加问卷调查和走访，通过“阅读节”“阅读主题项目化学习展”等综合活动的开展，借助朗读亭等实体平台与微信、钉钉等网络平台促进交流与分享，形成表现性评价的“实证链”。

总之，我们在进行“快乐读书吧”学习评价的过程中，始终要秉持发展性理念，以表现性评价为主来凸显学生学习过程的扎实程度和核心素养的发展情况。而一线教师要发挥评价主体关键人物的作用，在学习任务的设计、评价工具的研发、评价主体的组织、评价过程的务实、评价结果的运用等方面做贡献。

第三节　整本书阅读的教学策略

整本书阅读的教学策略为教学实践中教师研究的重要内容。目前，基于阅读理解、阅读分析等方面的教学策略比较多。基于学习图式建构的教学策略，重在引导学生进行召唤性阅读任务引领下的学习活动，重在通过可见的学习活动，支持学生经历学习全过程。近年来，我们在“快乐读书吧”整本书阅读教学策略研发方面获得了一些经验，也对一些教学方式进行了分类和汇总。考虑到教学策略受内容、情境、任务及教师、学生风格的影响，其使用时机、使用方式与目的都会有所不同，故而此处只做罗列，供读者参考。

一、从阅读理解的角度进行阅读策略分解（图 8-2）

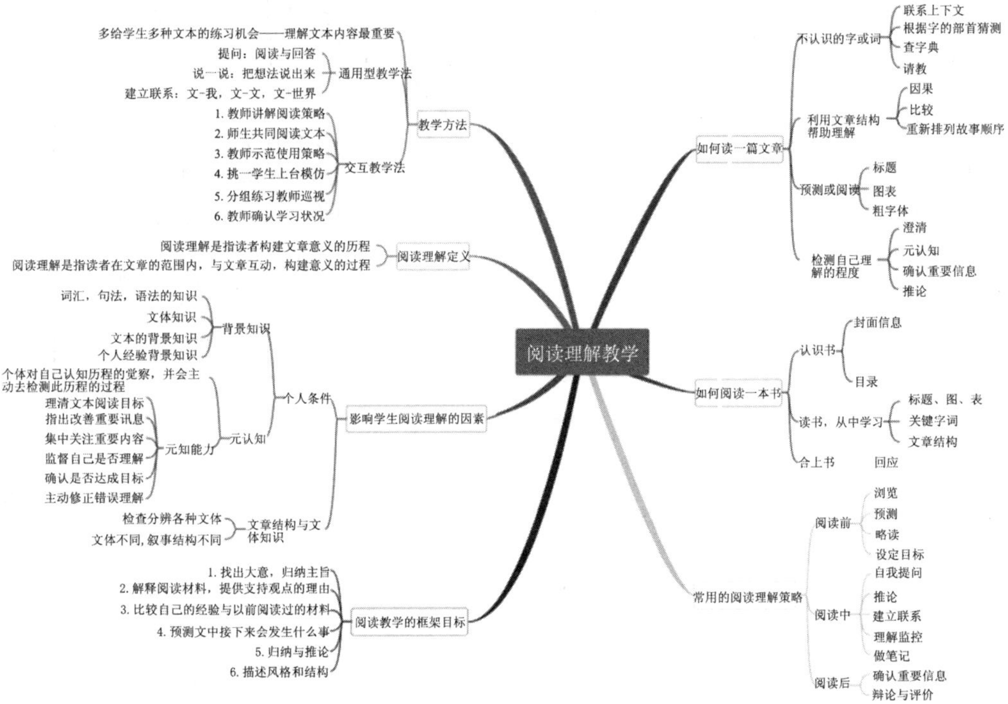

图 8-2　阅读理解教学策略分解

二、对六种阅读策略进行分析和说明

1. 六种阅读策略的分析和说明（表 8-1）

表 8-1　六种阅读策略的分析和说明

六种阅读策略的分析和说明						
分析说明策略	1. 确认重要信息	2. 预测	3. 建立联系	4. 推论	5. 自我提问	6. 理解监控
定义	提取并归纳文章中的重要内容，是复述文章、梳理文章结构的主要手段	根据文章中已知的内容，结合知识背景和生活经验，推测文章内容的进展，主要包括情节的发展、人物的命运、故事的结局等	将阅读的文本与其他文本、生活经验和知识背景建立关联	通过整合文本中的显性信息，推导出隐性信息以及言下之意或言外之意	是读者与文本互动，并建构意义的手段，是主动阅读的重要表征。问题的指向主要包括： · 建构文本意义的问题。这类问题的目的是把握文章内容，梳理文章结构，说明作者表达意图 · 评价文本内容的问题。这类问题的目的是阅读者依据既有经验，对文本内容、价值做出判断 · 整合新知和已知的问题	读者在阅读过程中： · 能知道自己是否理解文本以及不理解文本的原因 · 能自己想办法弄清不理解的内容 · 能不断审视阅读获得与阅读目的的关系，并说出阅读获得的意义

续表

六种阅读策略的分析和说明						
分析说明策略	1. 确认重要信息	2. 预测	3. 建立联系	4. 推论	5. 自我提问	6. 理解监控
使用要点	·提取、归纳章节内容大意 ·区分虚构与非虚构的作品结构	·阅读前：学生根据书籍封面、书名、插画、目录或标题、大纲以及作者风格和推荐等信息，均可以进行预测 ·阅读中：读到某一个段落时，预测接下来的内容。故事的细节、伏笔、事件发展、高潮、冲突、场景等都可以作为预测的依据。小说高潮、冲突、场景转换或者文章转折处，譬如“但是”等转折词之后，都是预测关键处 ·阅读后：重要的观念重申、总结或结局，故事结构、写作手法或带着哲理的主题句均可以提醒学生预测	·建立文本内章节与章节之间的联系 ·建立文本与个人生活经验之间的联系 ·建立文本与相似或不同文体、文本之间的联系 ·建立文本与社会、世界等话题的联系	·推测线索，从不同句子中找出对应的词汇或概念，形成连贯的意义 ·推测情节，连接文本的前后脉络与因果关系，找出造成某事件发生的原因以及结果。由文本找出支持观点的证据，以确认作者的说法。找出不同观点，比较观点间的不同之处 ·由文本找出支持观点的证据，以确认作者的说法 ·找出不同观点，比较观点间的不同之处	·低学段学生可以学习“5个W”提问法，主要提取核心事实性问题 ·中学段学生可学习有层次的提问，逐步从事实性提问向推论性提问、评价性提问升级 ·高学段学生可以学习“向作者提问”，通过提问了解作者的创作意图和动机，以及文本中有哪些言外之意	·激活学生的先备知识，明确阅读目标。比较适合中高学段学生 ·文本需要有一定的挑战性，能让学生知道阅读时的困难之处
功能	·帮助学生区分文本中重要和不重要的信息 ·促使学生将篇章重点进行整合，形成对整本书有意义的理解	·学生因证实自己的预测而获得成就感 ·增加阅读的乐趣，提高阅读效率 ·激发学生的想象力，启动先备知识	·帮助学生建立对一本书的整体理解 ·激活学生先备知识 ·跨文本比较，增进学生对内容的理解 ·帮助学生形成自己的观点	·通过建立因果联系等，整合文本信息，了解完整故事的内容和意义 ·结合先备知识，学生可以建构出书中的不同理解层次，增进对阅读的深度理解	·让学生阅读时更有专注力 ·鼓励学生将注意力集中在重要信息上。让学生逐步养成独立阅读的习惯	·理解监控越好，学生阅读理解能力越强

续表

六种阅读策略的分析和说明						
分析说明策略	1. 确认重要信息	2. 预测	3. 建立联系	4. 推论	5. 自我提问	6. 理解监控
教学提醒	·确认整本书的重要信息，需从时间、地点、人物、事件、原因等要素开始；可以从章节练习入手 ·故事主旨归纳训练，要依靠不同支架提升 ·厘清不同结构，可以借助不同的思维导图	·预测要有根据、有合理性，而不是天马行空的想象 ·教师教学要在问题中带入先备知识，以完整的问题引导学生有依据地预测 ·预测答案正确与否并不重要，预测是否准确可以通过阅读下文获知	·学生把整本书的章节连接起来有相当难度，需要慢慢练习 ·学生每次提取主题的关键词都是一次激活先备知识的时机 ·鼓励学生在阅读中与个人经验和知识建立联系	·推论是获取文章意义、达成深度理解的必要途径。鼓励学生多多自我提问 ·教师常问为什么，并带领学生一起探讨文章 ·教师对于学生的推论结果，采取开放态度，尤其是针对文学性的作品或是有不同观点的文章	·采取示范教学法 ·教师最好准备一些问题，预设不同学生可能提出的问题 ·自我提问适合四年级以上的学生，可以逐步练习	·中学段学生知道自己是否读懂并指出来即可 ·高学段学生能够初步用一定的办法解决自己不懂的问题
常用提问	·你能简单复述这章节的故事吗 ·试着区分出主要人物和次要人物 ·你认为主人公碰到了什么困难？他是如何解决的 ·试着找找本章节或本书的主题，可以圈画出来	·你觉得主人公接下来会怎么做？根据线索（文章第几页的内容），你觉得谁的反应会是什么 ·根据线索（文章第几页的内容），你觉得接下来会发生什么，结果会如何	·想一想你有没有类似的经验？你从主人公的经历中想到了什么 ·如果你是主人公，你会怎么做 ·初读时和读完后，你对故事的主题有什么不一样的看法 ·你读过类似的书吗？它们有什么相似点和不同点	·你觉得主人公做某件事的动机是什么？在书中找一找 ·你觉得主人公的主要性格有哪些？在书中找一找 ·你觉得本书的主题是什么 ·找出书中的重要观点并找到论据	·你觉得这个故事会怎么继续发展 ·你觉得主人公心情发生了哪些变化？按照顺序依次标注 ·作者告诉了我们什么 ·作者在书中告诉我们的信息有不一致的地方吗	·你能不能一边读，一边思考自己是否读懂了 ·如果没有读懂，你知道困难在哪里？能找到合适的解决方法吗 ·读不同类型的图书，你知道用什么办法吗

2. 六种阅读策略与年级对照表（表 8-2）

表 8-2　六种阅读策略与年级对照表

序号	项目/策略	教学要点	一年级	二年级	三年级	四年级	五年级	六年级
1	确认重要信息	提取要点	√	√	√			
		厘清结构				√	√	√
2	预测	人物	√					
		内容		√				
		结局			√			
3	建立联系	自我	√	√				
		文本			√	√		
		世界					√	√
4	推论	线索	√	√				
		内容、主题		√	√			
		由文本找支持的理由			√	√		
		找不同观点				√	√	√
5	自我提问	事实性提问			√	√		
		推论性提问				√	√	
		评价性提问					√	√
6	理解监控	提高阅读效率					√	√
		自我监控					√	√
		有目的地阅读					√	√
		调整学习方法					√	√
		形成观点					√	√

三、阅读三阶段教学策略推荐表（表 8-3）

表 8-3　阅读三阶段教学策略推荐

学生阅读前教学策略	学生阅读中教学策略	学生阅读后教学策略
激活先备知识	设立阅读目标	提问
建立背景知识	清晰表达将要教授的阅读策略	讨论

续表

学生阅读前教学策略	学生阅读中教学策略	学生阅读后教学策略
把书、话题联系起来	确立目标	写作
词汇预习	自我监控哪些是理解的和哪些是困惑的	戏剧表演
新概念预习	重读	画画
预测	联系上下文猜生字词的意思	二次教授
提问	找到问题	会议
	预测/支持/确认/调整	辩论
	视觉化	
	阅读和复述	
	学生在教师指导下练习	
	大声朗读段落	
	录制朗读段落	
	找到可替代的阅读文本	

四、若干实用型可视、可操作阅读策略推荐

1. 情节梳理策略（图 8-3）

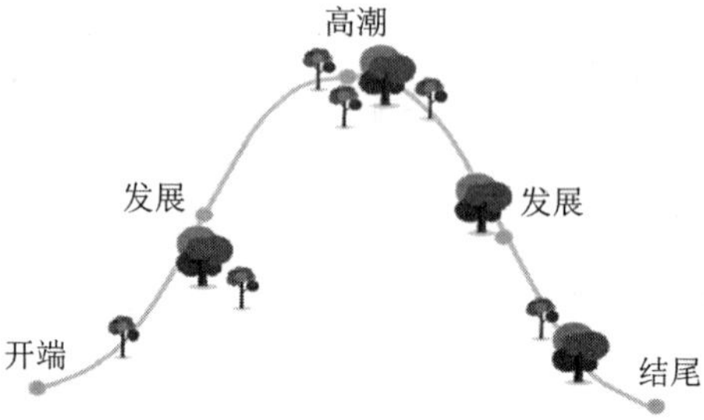

山型结构图

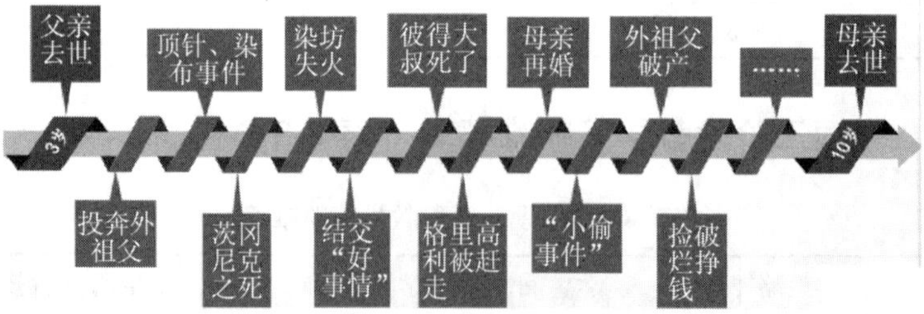

数轴型结构图

图 8-3　情节梳理策略

2. 结构整理策略（图 8-4）

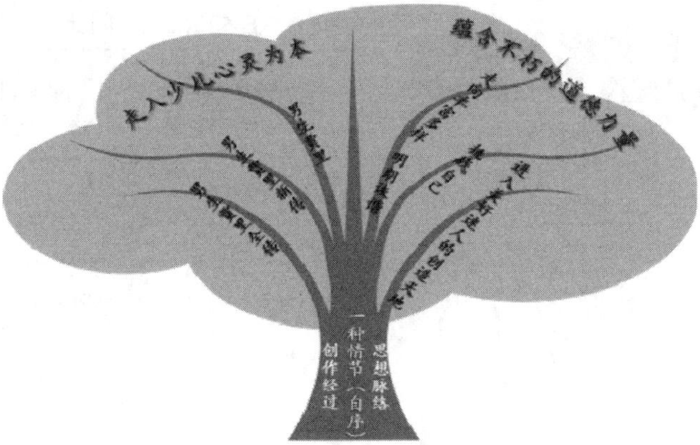

树桩型思维图

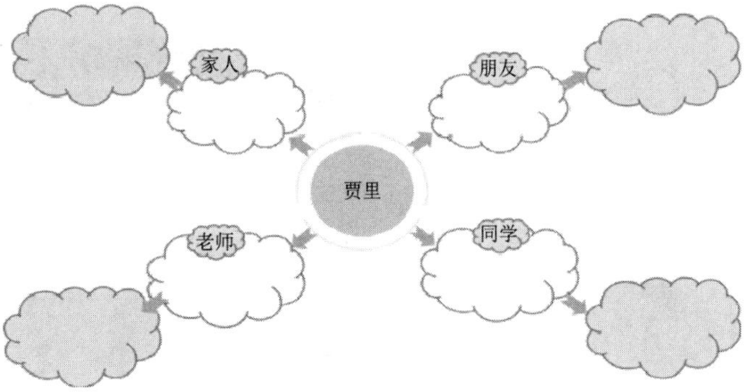

云朵型思维图

图 8-4　结构梳理策略

3. 人物形象分析策略（图 8-5）

要点	课文的描述	贴切的形容词
相貌		
动作		
个性		
语言		
心情		
事件		

人物评价表单

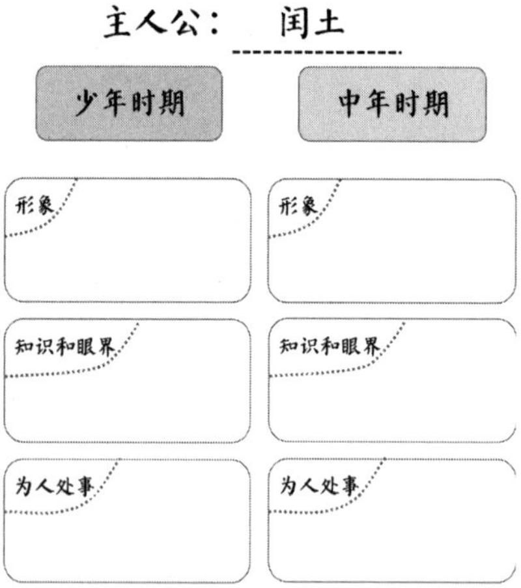

人物档案表图

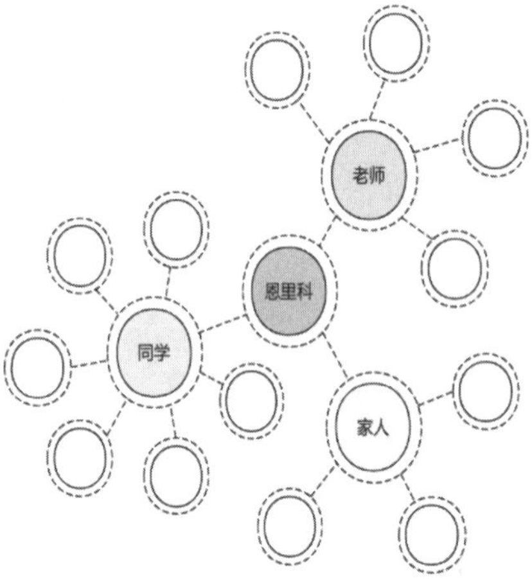

表示人物间联系的维恩图

对人物的认识			
人物	外祖母		
佐证（摘抄或概括性写出相关内容）	1.	2.	3.
所在章节			
我的认识			
观点综合或补充			

人物解构表

图 8-5　人物形象分析策略

4. 阅读主题领悟策略（图 8-6）

我读到的故事内容	我认为的人物性格
他老是瞧不起周围的小草。他比谁都高，就觉得自己比谁都高明。	骄傲
“喂喂！我这副漂亮的面孔，难道你们都没有看见么？”	骄傲
“去，去！你们怎么敢站在我脑袋上？知道吗？雕像脑袋是特别庄严的什么什么东西。”	骄傲
木头桩很生气，抗议说：“什么木头桩木头桩，我是雕像！”	骄傲
当然，这一切老木头桩都瞧见了，可就是没人来找他玩，他心里真难受。	孤独
他忘记了他是“雕像”，情不自禁地也唱起歌来了。	知错就改

人物成长

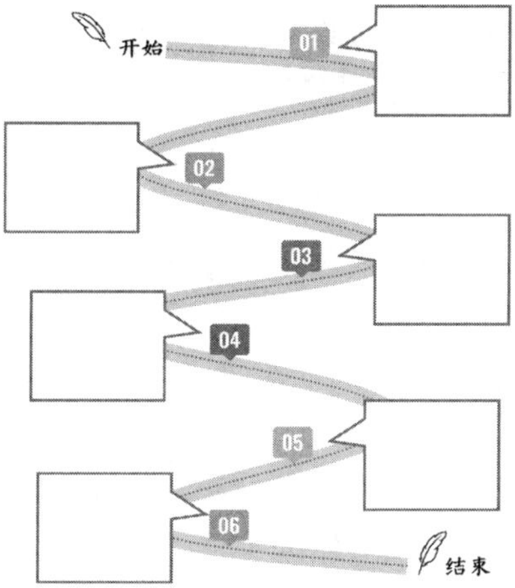

故事发展

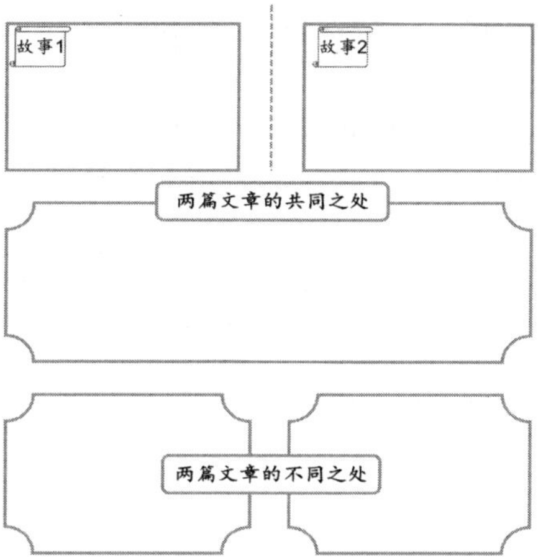

对比发现

图 8-6　阅读主题领悟策略

5. 勾连自我发展策略（图 8-7）

评价人物

解释词意

叙述者的观点（摘录）	谁在什么情况下表达出这样的观点	我的思考和观点	与同学交流后形成的观点

摘录观点

图 8-7　勾连自我发展策略

第四节　整本书阅读的教学举隅

以“快乐读书吧”内容板块为基础的小学阶段的整本书阅读课程实践以阶段式阅读展开。每一个阅读阶段的开启都以一课时的课内阅读指导课为引领。由此，每一个“快乐读书吧”的教学在课内课时部分就依据阅读阶段分为三个课型，即读前指导课、阅读推进课、阅读演进课，而第三阶段的阅读以项目化学习的方式展开，通过交流和分享的方式展示阅读成果。那么，这课内部分的三个课时应该如何设计与相互关联，第三阶段基于阅读主题的跨学科学习活动可以怎样进行？此处，拟以《男生贾里全传》《童年》《草房子》为例，分别就《男生贾里全传》的读前指导课、阅读推进课教学设计，《童年》的阅读推进课、阅读演进课教学设计，以及《草房子》项目化学习设计进行探讨。

《男生贾里全传》教学设计

➢ 读前指导课教学设计（执教：夏静）

教学目标：

1. 借助简介和序言了解《男生贾里全传》的创作过程以及作者对于儿童文学创作的主张。

2. 能了解作者及书本的主要内容。

3. 运用确认重要信息策略厘清书本的主要内容，通过有目的的阅读以及推论策略，厘清故事结构，分析人物形象，初步感知作品中主人公身上的真善美。

教学重点与难点：

运用确认重要信息策略厘清书本的主要内容，通过有目的的阅读以及推论策略，厘清故事结构，分析人物形象，初步感知作品中主人公身上的真善美。

教学准备：

《男生贾里全传》、多媒体课件、学习单。

教学过程：

第一部分：准备活动

1. 谈话导入，回忆秦文君作品《剃头大师》中的主要人物、主要内容。

2. 互动启发：学了《剃头大师》之后，你们还读过秦文君的其他作品吗？比如《调皮的日子》等。阅读是很有意思的。有时候，我们也会因为一本书而喜爱一位作者。有时候，我们也会因为一位作家而喜爱他的作品。今天，夏老师要向大家推荐的是秦文君的代表作《男生贾里全传》。

第二部分：发展活动

一、关注封面、简介、序言，激发兴趣

1. 出示《男生贾里全传》图片。

启发思考：看到书名你知道了什么？还想知道什么呢？你是否在想，“全传”是什么意思呢？本书的主人公贾里是个怎样的男孩？他的生活中都发生了哪些有趣的故事呢？

2. 阅读作者简介和序言这两个内容，对整本书的主要内容和观点、作者写这本书的目的和意义有所认识和了解。

(1) 读一读作者简介，加深对作者秦文君的认识和了解。借助阅读学习单，运用小标题的方式确认并梳理信息。

交流：读了作者简介之后你梳理出了哪些重要信息呢？请结合学习单向大家介绍秦文君。

(2) 阅读序言。这本书的序言是秦文君自己写的，我们把作者自己写的序言叫作“自序”。这样的序言往往能够更好地表达作者创作的主张和创作时的所思所想。

① 提示：阅读序言的时候建议大家结合学习单要求，运用双线并行阅读策略确认重要信息，分别用两种颜色的笔画出《男生贾里全传》创作经过和作者创作中的思想脉络，即作者的思考和主张，并填写在学习单第二部分的思维导图中。

② 交流：作者秦文君创作《男生贾里》的灵感来源于一个远方男孩的来信。《男生贾里》反映了以贾里为代表的儿童丰富多样的生活，受到了大家的喜爱。后来，作者应读者要求，以读者来信为资源进行拓展，创作了《男生贾里新传》。而后，将《男生贾里》《男生贾里新传》合并出版，《男生贾里全传》也就诞生了。

二、关注结构形式、目录，感知推测

1. 读完了序言，往后翻，你发现了什么？是的，贾里日记。

(1) 翻阅《男生贾里全传》每一章节的首页，有什么发现？每一章节首页的内容都是贾里日记。想一想，以这样的形式出示这些日记，有什么好处？

(2) 小结：这种日记体的表述形式是对本章节内容的铺垫和概括。日记反映主人公内心的真实想法，使故事内容更真实可信。这些日记内容拉近了书和读者的距离，也激发了大家的阅读兴趣。

2. 谈话：同学们，《男生贾里全传》是一部小说体儿童文学作品。小说一般包含人物形象、故事情节和典型环境三要素，其中人物形象是核心，故事情节是骨架，典型环境是背景。

(1) 浏览目录，发现这本书围绕贾里这位主人公，写了很多故事。这些故事聚焦的环境、涉及的人物有哪些？

(2) 交流，故事聚焦的环境主要有两个，那就是学校和家庭，所涉及的人物则主要是老师、同学、家人、朋友。

第三部分：推进活动

1. 你最想读哪个故事呢？借助学习单，导读《舞台明星》这一故事。

2. 交流。

(1)《舞台明星》故事跌宕起伏，充满了戏剧性。这个故事的情节是怎样的呢？请大家根据情节发展山型图来交流。

(2) 故事很精彩，人物也各有特点。你能选其中一两个人物，说说他们的特点吗？

(3) 人物是小说的核心。这个故事中出现了许多人物，他们和贾里分别是什么关系？(学习单：云朵关系图)

(4)《舞台明星》这个故事主要是讲发生在贾里和双胞胎妹妹贾梅之间的事。所以这是一个关于贾里和其家人的故事。(完善关系图)

(5) 读这个故事的时候，除了人物、情节以外，你还被什么吸引了？(预设：语言幽默、风趣，贴近我们的生活和思想等)

第四部分：整理活动

一、关注过程，形成关联

1. 学习内容之间的关联。

同学们，今天我们主要讨论了如何读《男生贾里全传》。谁还记得我们讨论的过程？(出示教学流程图) 首先，我们运用浏览概括阅读和双线并行阅读策略，阅读了作者简介和序言内容，确认了重要信息，感悟了作者和作品之间的联系。接着我们关注了这本书中很有特点的部分“贾里日记”，发现了日记和故事之间存在的联系。然后我们浏览目录，通过猜测和推理，梳理了整本书的基本结构。最后我们以其中一个故事的阅读，从小说三要素的角度确认重要信息，关注故事语言的特点，初步感知了主要人物的形象，补充完善结构的同时，也在不断明析结构与人物形象的联系。

2. 小结激励：关于读整本书，同学们是否从今天的学习中获得了启发呢？《男生贾里全传》中有32个好故事，等着你们去阅读。作者蕴含在字里行间的创作激情和浪漫情怀以及那股不朽的道德力量，等着大家去感悟！

二、关注效果，提示指点

总结启发：同学们，今天我们的课就上到这里。期待大家在阅读的时候，不仅能够完善《男生贾里全传》部分的结构图（出示云朵图），还能在这些鲜活的人物形象中感受力量，在有意思的语言中感悟意义。

➢ 阅读推进课教学设计（执教：俞霞芳）

教学目标：

1. 阅读整本书，在了解大体结构的基础上学会在众多人物中聚焦主要人物和主要事件。

2. 通过阅读与分享，学习运用策略单梳理情节，形成评价，并与生活建立联系概括故事主题，把阅读推向深入。

3. 迁移策略单，阅读整本书，从而得到更多收获。

教学过程：

一、暖身活动

1. 回顾著名儿童文学作家秦文君的代表作《男生贾里全传》，玩一玩读句段猜人物的游戏。

2. 分享人物关系思维导图。根据课前阅读单与大家分享本书人物关系以及故事分类等信息。

3. 小结：阅读整本书时，用上思维导图，就能帮助我们梳理主人公与众多人物之间的关系，他们之间发生的故事也一目了然。同样的内容，可以用不同形式的思维导图来梳理。这样一梳理，整本小说的脉络我们就把握得更清楚了。

二、发展活动

1. 梳理情节，形成评价。

（1）聚焦主要人物和故事。阅读整本书时，在众多人物中，我们还可以聚焦最主要的人物、主要的事件。贾里最要好的两个朋友是鲁智胜、陈应达。他们之间发生的故事有《三剑客》《冒险的代价》《戏院风云》《计策》，这些都是朋友间的故事。

（2）走进第一个故事《三剑客》。

① 任务1：请大家把书翻到第12页，快速浏览，回顾内容，根据山型图梳理故事情节。

小结：正是因为有曲折的情节，故事读来才更有波澜，更有趣味。

② 任务2：在这些情节中，请你选择一个最感兴趣的情节，读一读，关注这个情节中人物的所作所为，对人物做出评价。

预设：贾里，热情仗义，有主意，点子多，模仿力强。鲁智胜，热情，率真，重情义。陈应达，聪明，知识丰富。

(3) 小结过渡：刚才我们通过梳理故事情节，评价人物，读出了这三个人物的形象。

(4) 策略练习。

用上策略单继续阅读。选择这里的一个故事，先用小标题梳理情节，然后选择你最想读的一个情节，读一读，尝试对这些人物做出新的评价。

① 组织学生带着策略单交流：读了哪个故事中的哪个情节，对谁有了新的评价，将人物评价的关键词对应着写在黑板上。

② 其他同学补充阅读观点。

预设：贾里，有智慧，勇敢，爱面子。鲁智胜，冲动，勇敢。陈应达，爱面子，傲娇。

(5) 小结：孩子们，我们用上策略单，通过再次梳理故事情节，对主要人物进行新的评价。让我们来看这“三剑客”的人物形象，有什么发现？

① 不同点。小结：“三剑客”各有各的特点。随着故事的发展，他们的个性越来越鲜明。他们立体地站在我们眼前，令我们难忘。

② 相同点。刚才大家关注了不同的地方，再来看看这些事件，看看他们身上有没有相同的地方，互相讨论讨论。

小结：这些故事都反映出了孩子们的真性情。把这些故事放在一起来看，可以发现三个好朋友既有不同的地方，也有志趣相投的地方。随着故事的发展，他们的形象也越来越丰满，越来越立体，越来越真实。

2. 建立联系，概括主题。

(1) 启发思考：孩子们，这是一本儿童小说，写的是比我们大一些的初中孩子的生活，但很多故事可能在我们身边也发生过。在读这些故事的同时，你有没有联想到自己生活中相似的情节、类似的人物呢？老师读到三剑客中的鲁智胜时，就想到了班上的一位同学。你们想不想听听是怎么回事？

(2) 策略练习：

在你读到故事中某个情节或人物时，有没有也联想到自己的生活？

用上策略单，读读故事，然后把你的所思所想和同学交流交流。请同学来交流。

小结过渡：孩子们，阅读整本书时，与生活建立联系，书本内容就会引起我们的共鸣，这样的阅读就更有意思了。

(3) 回顾故事，捕捉这些故事的主题。(友情)

读完三个朋友之间关于友情的故事，再加上与生活的联系，此时，你对友情有什么认识？

启发交流：在一个个充满酸甜苦辣、喜怒哀乐的友情故事里，男生贾里有着怎样的变化呢？

(4) 小结：一个个故事，一次次变化，都是贾里一步步长大的脚印。可贵的友情伴随着贾里一路成长。运用与生活建立联系、概括主题的策略，能帮助我们更深入地理解故事内容，领悟故事的主题。

三、拓展实践活动

总结：这节课，我们运用两个阅读策略，重点阅读了贾里与朋友间的故事。课后大家可以用上这两个策略，根据策略单去继续阅读贾里和家人、老师、同学间的故事，试着对其他人物做出评价，与生活建立联系，概括出这些故事的主题。也可以把你的阅读收获用思维导图呈现出来。这也是课后的实践练习。

板书：

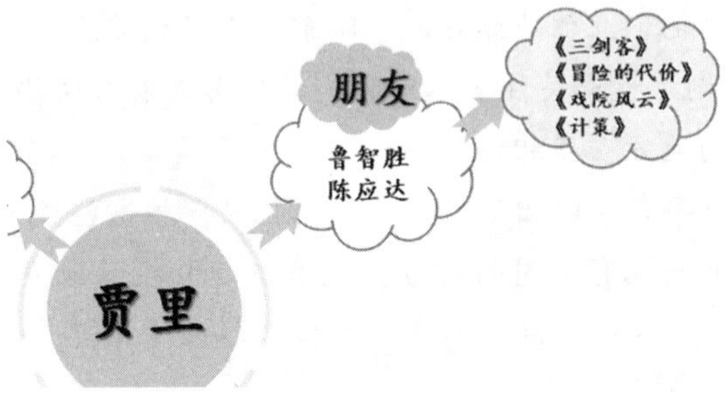

友情　成长

梳理情节，形成评价　建立联系，概括主题

《童年》教学设计

➢ 阅读推进课教学设计（执教：张晓婷）

教学目标：

1. 利用梗概和目录，了解小说的主要内容。

2. 厘清人物关系，通过绘制人生轨迹，走进主人公，了解其苦难的童年。

3. 抓关键人物和事件，了解外祖母对阿廖沙成长的影响，品读主人公的成长历程。

4. 认识作者高尔基，初步了解自传体小说的特点，激发阅读的兴趣。

教学重难点：

阅读长篇小说时，学会利用梗概和目录，快速了解整本书的内容。学会抓住主要人物和主要事件，来感受主人公阿廖沙在苦难中一步步成长，逐渐具备了勇敢、善良、宽容等品格，感受其成长的历程。

教学过程：

一、畅谈童年，聊感受

1. 谈话导入。有人说童年是蓝色的，因为它值得回忆；有人说童年是红色的，因为它美丽；也有人说童年是白色的，因为它纯洁。同学们，你觉得童年是什么样的呢？

2. 看来同学们对自己的童年都有不同的感受。阿廖沙的童年生活是怎么样的呢？今天让我们走进《童年》这本书。

二、梳理情节，品苦难

1. 勾连已知，回顾了解整本书主要内容的方法。同学们，想要快速了解一本书的主要内容，你有什么好方法？

① 关注书本扉页上的故事梗概。

出示《童年》梗概，指名阅读。你觉得阿廖沙的童年是怎样的？（阿廖沙的童年是黑色的，充满着苦难）

② 目录在一定程度上能反映故事情节的变化和发展。

出示《童年》目录。你能从这份目录中找到作者苦难童年的信息吗？（亲人朋友的相继去世，斗殴、暴力等）

小结：快速阅读故事梗概和目录，可以帮助我们大概了解整本书的主要内容。

2.《童年》这部小说中出场的人物众多。刚刚我们了解到了主人公是阿廖沙，那次要人物呢？

① 根据学生回答，随机出示次要人物姓名。厘清人物关系，能帮助我们更好地理解这本名著。

② 给人物分类，并说说分类的理由。（可以按照亲人和朋友来区分，也可以根据帮助和伤害阿廖沙的人来划分）

3. 了解了人物之间的关系，接下来，我们就可以来概括主人公阿廖沙的人生轨迹了。（随机出示阿廖沙的人生轨迹图，并逐个出示人物的命运）

阿廖沙的人生轨迹图

总结：通过阿廖沙这一系列的童年轨迹，我们能够深刻地感受到，他有着怎样的童年？情节的一波三折，人物的悲惨命运，无不透露着阿廖沙童年的不幸和悲惨。真是充满苦难的童年。

三、关键人物，促成长

1. 阿廖沙的童年生活中只有苦难吗？谁对阿廖沙的成长起到了关键作用？（外祖母）这样的人物可以称为关键人物。

出示：《童年》第四章第二节“火灾现场的总指挥”片段。

（1）默读这一片段，请同学们想想外祖母的言行对阿廖沙产生了怎样的影响？

① 头顶，裹着，冲进，喊，冲出来，抱着。

你关注了外祖母的动作。是呀，尽管火势凶猛，但是外祖母仍然义无反顾冲入大火，冒着生命危险取出矾油。她用自己的实际行动告诉阿廖沙什么是勇敢！

② 在危急关头，外祖母想到就近用雪去扑灭大火，有条不紊地指挥大家

进行救灾。从外祖母的举动中，我们能够感受到外祖母是多么睿智。

总结：阿廖沙与外祖母朝夕相处，外祖母的一言一行深深影响着年少的阿廖沙。

(2) 通过小组合作，抓主要事件来说说外祖母对阿廖沙的成长有什么影响。注意：每个组员的观点尽量不重复。由组长记录组员的观点，快速填写学习单。

(3) 学生分享：

① 外祖母虔诚地向上帝祈求帮助穷苦人，宽恕作恶的人，阿廖沙也耳濡目染。

② 虽然酒馆老板娘泼辣粗鲁，但是外祖母从不计较，那是一种多么宽广的胸襟啊！

…………

总结：外祖母的一言一行，深深影响着阿廖沙。对他来说，外祖母无疑是他苦难童年中最温暖的一束光，支撑着他度过那段艰难岁月。在阅读的时候，品读关键人物，能帮助我们更好地理解这本小说。

四、关键事件，助成长

1. 学到这儿，相信外祖母给大家留下了非常深刻的印象。那文中哪件事同样令你印象深刻，能成为阿廖沙成长中的关键事件？

同桌间交流，并完成学习单。

2. 交流：

(1) 打架。

你关注到了“街头印象”中的这个片段。是呀，街上行为恶劣的孩子们常常恶作剧，甚至揍阿廖沙，但是阿廖沙非但没有受到他们的影响，反而同情弱小，讨厌他们的恶性。阿廖沙是个善良、有同情心的孩子。

(2) 母亲再婚。

刚开始听闻母亲即将再婚，阿廖沙肆无忌惮地发泄着不满，但是为了不让母亲伤心，阿廖沙学会了隐藏真心和委曲求全。这样的隐忍何尝不是一种成长呢！

(3) 上街捡废品，补贴家用。

为了补贴家用，阿廖沙上街捡废品。虽然生活艰苦，但他仍然感到快乐！

3. 同学们，品读关键事件，让我们对阿廖沙这一人物的理解更加立体，更加丰满了！

总结：同学们，刚刚我们通过梳理情节，感受到了阿廖沙童年的不幸，再通过品读小说中的关键人物和关键事件，感悟到了阿廖沙鲜明的人物形象。

4. 让我们回到这张时间轴，你有什么发现？是呀，尽管身处黑暗污浊的环境中，阿廖沙却能从苦难中走出来，仍然保持着生活的勇气和信心，始终保持着善良、勇敢、正直。这就是成长！

五、了解自传体，识作者

1. 同学们，《童年》是一部经典的自传体小说，他的作者是？（马克西姆·高尔基）。

2. 你们知道马克西姆·高尔基这个名字到底是什么意思吗？（在俄语当中，马克西姆就是最大的，高尔基就是痛苦）

3. 作者高尔基正是以自己的童年经历为原型，创作了自传体三部曲——《童年》《在人间》《我的大学》。

4. 独自谋生的阿廖沙经历了哪些艰难困苦，又遇到了哪些对他人生起关键作用的人物和事件呢？课后同学们可以读一读其余两本书。相信读完后你会对阿廖沙这个人物形象有更深的认识，也会对高尔基这个人有更好的了解。

5. 出示名言。

板书：

《童年》　　高尔基

善良　　关键人物

宽容　　关键事件

乐观

苦难　→　成长

➢ 阅读演进课教学设计（执教：夏静）

教学目标：

1. 进一步梳理书中人物，借助策略单，从文本中寻找论据，认识相关人物并形成观点。

2. 将全书人物与小说情节及童年成长进行关联，并通过关注叙述者的观点，深化对主人公阿廖沙的认识。

3. 以第一人称的视角阅读，感受表达的亲切与生动；通过对比阅读，体味作者表达的情感色彩，深度认识主人公阿廖沙。

4. 通过阅读摘录和交流，体会作者语言表达的特点，学习对人物进行生动、形象、有感情色彩的描写。

教学重点：

1. 围绕小说中的人物展开深度阅读，运用策略单，形成观点，深化对主人公阿廖沙的认识。

2. 通过深度阅读，感受《童年》以第一人称表述的写作特点，学习作者生动、形象、具有感情色彩的描写。

教学过程：

一、热身活动（阅读回顾，梳理人物）

1. 谈话了解《童年》这部自传体小说的主要内容。出示时间轴，梳理重要的时间节点和主要情节。

2. 回顾书中相关人物，介绍人物昵称、尊称等。

二、发展活动（运用策略，形成观点）

1. 启发谈话：在阿廖沙的童年时光中，他与众多人物相遇，但相伴他时间最长的当属他的外祖父和外祖母。在全书的阅读中，你们对于外祖父和外祖母有怎样的认识呢？请你选择其中之一，尝试运用策略单表达自己的阅读体验。

2. 借助策略单，阅读并形成自己的观点。

3. 交流对外祖父和外祖母的认识。

（1）根据交流归类出示描写外祖母的片段，体现外祖母的慈爱、宽容、勇敢、能干、坚忍。

（2）根据交流归类出示描写外祖父的片段，体现外祖父的自私、严厉、能干、慈爱、暴躁。

4. 小结：运用阅读策略，我们了解了两位在阿廖沙童年生活中的主要人物，并形成了自己的观点。（板书：“关注主要人物，形成阅读观点”）

5. 策略运用：在你阅读的过程中，还对哪些人物感兴趣并发现这些人物在阿廖沙的童年中有一定作用呢？选择其中之一，运用阅读策略单梳理并形成自己的观点。（交流阅读策略单，并板书关键词）

6. 小结：众多的人物在阿廖沙的童年生活中来来去去。他们的生活、际遇以及和阿廖沙的交集，成了阿廖沙童年的重要内容，影响着他的成长。

三、演进活动（关注叙述者视角，形成自主思考）

1. 启发谈话：面对童年中的人和事，身在其中的阿廖沙是怎么认识和思考的呢？阅读《童年》，我们不仅会被其中生动形象、各具特色的人物所吸引，其中关于成长的富有哲理的语句还会引发我们的思考。我们来试着找一找。

2. 朗读相关语句。

思考交流：这句话的叙述者是谁？是在什么情况下发出这样的感叹的？

联系前后文，它引发了你怎样的思考？从大家的交流中，你又形成了怎样的观点？

3. 小结：这些富有哲理的语言有时是借助文中人物进行表达，有时是主人公，也就是作者的内心独白和人生感言。让我们再次借助策略单，深度观察《童年》中的人和事，去发现和思考。（板书："关注叙述者视角，形成自主思考"）

4. 交流提升：这一切人、事与感悟相互交织，形成了作者的童年。阿廖沙的童年就是在这样广阔的时代场景和各色人物的影响中度过的，而这些都是他成长的养分。

四、综合活动（品析作品特色，学习情感表达）

1. 组织讨论：这是一部自传体小说，作者用第一人称叙述了主人公阿廖沙的童年历程。你在阅读的时候有哪些感受？联系阅读摘录小卡片交流感受。（亲切感，有情趣）

2. 关注人物外貌描写，感受这部作品的童趣。朗读两个写人物外貌的片段，交流感受。（外祖母和外祖父的外貌描写）

① 阿廖沙对于这些人，各有好恶，这些情感清楚地反映在他表达的笔触上，光从外貌描写上我们就能感觉到。

② 带有情感色彩的生动表达，也让我们发现了阿廖沙内心的善良、正直……

③ 你的生活中也有许多人来来往往。你能否学着写一写他们的外貌，进行情感表达？

3. 关注环境描写。在描写人物上，作者有自己的爱与憎。除此之外，书中还有很多关于环境描写的语句，也很有特色。请大家选读一两处，交流感受。

4. 小结：这些形形色色的人物和各不相同的场景与环境，彼此形成了强烈的对比。它们组成的不仅是阿廖沙的童年生活，还是整个俄国的社会生活。这也是阿廖沙苦难童年的根源。

五、总结活动（表达阅读体验，拓宽阅读视野）

1. 回顾学习历程，整理学习思路与收获。

2. 推荐阅读。《童年》有多个版本。为了推动大家进行价值阅读，我们所读的这个版本在主体文本之外增加了一些内容。建议大家课后再选 1~2 个其他版本的《童年》去浏览，特别关注版式与翻译的不同之处，从语言的表达等多方面进行比较与阅读。

《草房子》项目化学习设计（执教：钱菊香）

一、教学目标

1. 了解人物面临的冲突的几种类型。

2. 运用策略单，找到人物面临的冲突，再运用推论策略，分析人物的性格特点，感受人物性格的立体性和多面性。

3. 感受同学间、邻里朋友间互帮互助的友善，感受生活中的真善美。

二、教学重难点

1. 运用策略单找到人物面临的各种冲突，分析人物在各个冲突中的想法、感受、行动、关系，从而推论出人物性格，感受人物性格的立体性和多面性。

2. 感受同学间、邻里朋友间互帮互助的友善，感受生活中的真善美。

三、教学过程

（一）暖身活动

1. 谈话导入：最近我们都在阅读曹文轩写的长篇小说——《草房子》，你们喜欢这本小说吗？请你聊聊喜欢的原因。

2. 看语段，猜人物。大家都很喜欢阅读这本小说，它给我们带来了很多快乐，那故事中的人物你们还有印象吗？我们玩个看语段猜人物小游戏。

3. 展示策略单，分享课前阅读收获。大家都很喜欢《草房子》这本书，阅读时也非常用心。课前布置的阅读任务思考书中的主人公桑桑面临了哪些冲突，并填写到策略单（表 1）中，大家都完成了吗？谁愿意上台和大家分享？

表 1　主人公面临的冲突

主人公	冲突	
桑桑	主人公 VS 自己	战胜害怕，挺身而出
	主人公 VS 其他人物	竞争对手杜小康；关心秦大奶奶
	主人公 VS 社会	打麦场事件
	主人公 VS 自然	桑桑重病

总结：同学们看，用上策略单，我们整理出桑桑面临的这几次冲突，就能了解整本书的故事情节了。桑桑在这些冲突中的不同表现，也使故事情节跌宕起伏，深深地吸引着我们每一个读者。

（二）发展活动

1. 分析冲突，推论性格。

冲突一：战胜害怕，挺身而出

第 55 页：“桑桑心里其实是害怕的。……已经有点潮湿了。”

桑桑面对这次内部冲突时，是怎么想的，怎么做的呢？我们可以借助策略单（表 2）来进一步推论。

表 2　推论人物性格

人物	冲突	想法	感受	行动	关系	性格
桑桑	战胜害怕，挺身而出					

请同学们快速默读这个片段，借助策略单边读边思考。

（1）桑桑面临刘一水时，心里有什么想法？

小结：我们在文中一眼就能看出来，他是真愿意在纸月面前展示他的男子气概。通过文本，并进行推论，我们可以这样总结桑桑的想法，他要在纸月面前好好表现。

（2）那在展示男子气概时，桑桑又有哪些感受呢？（桑桑很害怕，但是不愿退缩）

（3）这次害怕当中有一丝不平常。正因为这丝不平常，桑桑才做出了他的行动。他做了什么？（拿起砖头，壮自己气势）

（4）最后就剩下关系这一栏，首先我们知道桑桑和纸月是同学，那么除了同学之外呢？其实他们还有另一层关系，哪位同学读出来了？

教师小结：我们可以说是桑桑对纸月有好感，希望能保护好她，不让她受伤害。

（5）分析了桑桑在这一片段中的表现，一个鲜活的男孩就展现在我们面前，所以我们可以推论出桑桑的性格是怎样的？（板书：“勇敢，好强”）

（6）小结：抓住人物面临的冲突，分析他的想法、感受、行动、关系，我们就可以推论出人物性格。（板贴：“理清冲突、推论性格”）

过渡：桑桑面临其他冲突时，又是怎么想的，怎么做的？我们又能推论出他怎样的性格呢？请同学们选择其中的一个冲突，自由阅读相关章节，并完成策略单。

冲突二：竞争对手杜小康

第 147 页：“游戏刚要开始……几乎颤抖起来。”

（1）出示语段、学生交流。

推论1：了解清楚了这一切，我们知道桑桑做这种没有太多恶意的恶作剧只是他的好胜心所致。

推论2：因为杜小康在各个方面抢走了他的太多风头，他好不容易逮着机会，当然要去煞煞杜小康的这股神气。由此我们就可以推论出桑桑好胜心很强，他是一个非常好强的孩子。

（2）小结：好胜心能让我们争做最好，但是一不小心也会让我们“掉进坑里”。好在桑桑在这一点上把握得还是挺不错的，所以他在后面才能和杜小康成为好朋友。

冲突三：关心秦大奶奶

第117页：“吃完晚饭，桑桑做作业……召唤着他。”

第118页：“桑桑跑出了艾地……秦大奶奶躺在艾地里。”

（1）这里并没有直接写出桑桑的想法，你是从哪里推论出来的？

（2）他们虽然没有血缘关系，却像亲祖孙一样，他们之间流淌的感情令我们动容。在面对弱势群体的时候，桑桑不再那么争强好胜，由此我们能推论出他怎样的性格呢？（板书：“心思细腻”）

冲突四：打麦场事件

第157页：“但，不用杜小康说……甚至是鄙夷的目光看着他。”

（1）在这个片段里面，作者并没有直接写出桑桑的想法，但是我们从哪里能推论出来？

（2）继续交流。

（3）小结：好面子也是争强好胜（指板书：“好强”）的另一面。这个另一面给桑桑带来了教训。了解完了这一点，我们发现了在冲突中，桑桑总是有一点强硬，爱出头。

冲突五：桑桑重病

第282—283页：“桑桑的药奇苦……悲壮而优美的事。”

（1）学生交流。

（2）小结：人在面对生死的时候，总会生出许多不同的想法。在面对自己的疾病时，桑桑的性格里面又体现出了他乐观坚强的一面。（板书：“乐观坚强”）

完成表3。

表 3　推论人物性格

人物	冲突	想法	感受	行动	关系	性格
桑桑	战胜害怕，挺身而出	要在纸月面前好好表现	害怕，但是不愿退缩	拿起砖头，壮自己气势	同学，有好感	勇敢好强……
	竞争对手杜小康	想看杜小康被冷落	冷落他人的快感	故意大声地说笑	竞争对手	好胜心强……
	关心秦大奶奶	心系秦大奶奶的安危	担心秦大奶奶	找到秦大奶奶并报告老师、父亲	没有血缘的祖孙	心思细腻、善良……
	打麦场事件	把玩火的事瞒过去	犯错后慌张和不安	在追问下，说出真相	被同学蔑视、鄙夷	好面子……
	桑桑重病	想喝药治好病	没有一丝恐惧	不怕苦，喝药	战胜病魔	乐观坚强……

2. 分析性格，体会多面性

我们通过分析桑桑面临的各种冲突，推论出了桑桑的性格。看桑桑的这些性格特点，你有什么发现？(性格多样)

小结：优秀的文学作品呈现出来的人物性格肯定是鲜活的、多样立体的，所以我们在阅读整本书时，要从多角度去推论人物性格。

(三) 迁移运用，感悟主题

运用策略，推论其他人物的性格。书中还写到了秃鹤、纸月、杜小康和细马。我们能推论出这些小伙伴的哪些性格特点呢？

1. 请在秃鹤、纸月、杜小康和细马这些人物中任选一个，快速浏览对应章节，填写策略单（表 4），并推论其性格。

表 4　推论人物性格

人物	冲突	想法	感受	行动	关系	性格
秃鹤						
纸月						
杜小康						
细马						

学生上台交流分享，教师小结。

秃鹤：自尊心强、热爱集体……

纸月：心地善良、乖巧懂事……

杜小康：乐于助人、敢于担当……

细马：很有主意、坚强善良……

2. 对比：我们刚才运用策略单推论出了这些小伙伴的性格特点，和桑桑的性格特点放在一起，你有什么发现？他们有什么共同的特点？

小结思考：作者通过描写桑桑终生难忘的六年小学生活，塑造了一个个性格鲜明、个性突出的人物形象。阅读完整本书，你有什么感悟呢？（感受到了同学间、邻里朋友间互帮互助的友善，感受到了纯美质朴的情感，感受到了生活中的真善美）

（四）课外延伸

书中还写到了蒋一轮、白雀等其他人物，课后请同学们用今天所学到的策略，填写策略单（表5），来推论一下他们的性格特点。

表5　推论其他人物性格

人物	冲突	想法	感受	行动	关系	性格
蒋一轮						
白雀						

板书设计：

		战胜害怕，挺身而出	勇敢好强
		竞争对手杜小康	好胜心强
草房子	冲突	关心秦大奶奶	心思细腻
（桑桑）		打麦场事件	好面子
		桑桑重病	乐观坚强
		理清冲突	推论性格

诚然，对于小学整本书阅读学习的推进，光有学习图式的建构和阅读教学指导是不够的。小学阶段的整本书阅读重在对学生阅读兴趣的激发和阅读习惯的培养，“快乐读书吧”板块的设计意蕴也在于师生都能读起来、读进去和读出来。因此，要推进小学阶段的整本书阅读课程化实践，至少还要在

学校层面建立资源支持系统，要为学生创建足够的阅读资源，为学生开辟可读书、可随时读到好书的阅读场域，为学生建立师生共读与共享的师生阅读互动机制，要贯通校内、校外和线上、线下，为学生建构融合、全息、活动型、互动型的阅读促进平台。这些都是整本书阅读学习图式的构成部分。

第九章

“跨学科学习” 任务群

新课标在内容组织与呈现方式板块将“跨学科学习”任务群和“整本书阅读”任务群一起提出，作为语文课程拓展型学习任务群的主干内容和呈现方式。这是语文课程实践的创新举措。

第一节　对跨学科学习的认识

阅读并学习新课标关于跨学科学习的内容，可以了解到其提出的主旨指向学生通过对所学内容（知识）的综合运用，不断增强语言文字运用的能力。而这种综合运用应该是在真实的、具体的、完整的、复杂的社会生活环境中进行，联结语文学习与社会生活中的有意义的话题，以自主和合作相结合的方式开展阅读、梳理、探究、交流等活动，充分调动已有的多学科知识储备，并以问题或话题为导向，综合运用多学科知识，通过合作型和参与型学习，发现问题、分析问题、解决问题以及形成新的观点和相关成果的过程。在这样的语文实践活动中，学习时空联结课堂内外、学校内外，由此，也使学习从课堂走向真实生动的社会广阔天地，使知识“活”化。跨学科学习的提出，体现了课程理念的转向，即将课程建设与人的培育紧密关联，表达了课程育人的实践意蕴。

跨学科学习主题选择的丰富性反映了学生生活的广阔性。

语文课程的跨学科学习基于语文课程，但其学习空间和背景是整个生活。这从课程标准所列的学习内容中可见一斑。如：在第一学段（1~2 年级），跨学科学习主题可以围绕爱图书、爱文具、爱学习等来选择，也可以围绕养护绿植或小动物来选择，还可以围绕参与学校和社区举办的各种民俗和风俗活动来选择。在第二学段（3~4 年级），跨学科学习可围绕运用各学科所学，进行富有创意的设计或参与主题活动，或者围绕自己感兴趣的各种话题，通过学校、社区活动以及社会调查活动进行。在第三学段（5~6 年级），跨学科学习主题围绕校园文化社团或社区的活动体验选择，也可以运用已有的多学科知识，选择策划和设计类的学习主题，还可以根据日常生活所思所感或对未来生活的畅想等主题进行学习实践。而到了第四学段（7~9 年级），跨学科学习的主题除了可以从日常生活领域那些外化活动领域中选择和生成，还可以从生活逻辑以及对心理、身体素质等方面的关注中选择和生成。如此丰富的学习主题，源于学习生活的情境。从学习主题选择的角度可以发现，跨学科学习旨在引导学生在广阔的学习和生活情境中学语文、用语文，是一种学习资源不断拓展，学习的综合性和开放性不断扩大的学科实践。

跨学科学习方式选择的多样化反映出学习样态的多元化。

语文课程的跨学科学习意味着课程实践方式的深层变革。跨学科学习是对原有学校教育和班级授课制教学的大胆突破。它以资源整合和源域贯通的方式，推动学习方式的变革，形成了具有席卷性的学习新样态。在跨学科学习实践的过程中，教师不再是教学的设计和实施者。跨学科学习使学生成为真正的学习的主人。学生可以根据学习主题选择不同的学习方式，也可以根据自己的认知或能力，经综合考量之后确定学习方式及参与方式。细读新课标中关于跨学科学习部分的内容可以发现，学习方式呈现多样化：借用、购买、整理图书和文具是一种学习，养护小动物、养护植物等是一种学习，参与学校社区活动是一种学习，参观历史遗存是一种学习，与他人沟通、交流是一种学习，运用多种形式分享自己的经验和感受是一种学习，呈现与分享成果是一种学习，参加讨论、发布学习所得是一种学习，进行日常观察并记录是一种学习，设计策划各种活动和方案是一种学习，开展调查、进行访谈是一种学习，组建团队开展研究也是一种学习……从以上列举内容可见，跨学科学习的方式以观察、记录、参观、体验、设计、参与、调研、展示为主，呈现的是一种参与性、合作型、探究式的学习样态。这样的学习，既体现了学习与生活的融通、学习与人的融通，也体现了学习与现代技术的互动以及学习主体间的互动和发展。

跨学科学习过程评价的灵活性体现了学习过程的鲜活性。

课程标准中对跨学科学习评价进行了明确的规定。评价主要以学生在各类探究活动中的表现，以及在活动过程中完成的方案、海报、调研报告、视频资料等为依据。教师可以针对主要学习环节和内容制定评价量表，邀请相关学科教师、家长、社会人士参与评价。评价要关注学生综合运用多学科知识思考问题、解决问题的态度和能力。评价应以鼓励为主，既充分肯定学生的发现和创造，又引导学生自我反思，不断提高跨学科学习质量。由此可见，跨学科学习的评价呈现以下几方面的特点：一是关注过程性评价，特别关注的是学生在学习过程（各类探究活动）中的表现。二是评价的载体更加多样。比如探究过程的记录和学习过程中的思考、心得记述等均可作为评价载体。三是评价主体的多元。跨学科学习的主题对应的是整个生活，因此主题学习的评价主体必定是多维度的，且评价主体的选择要与学习主题和学习活动的内容匹配。四是评价过程的嵌入性和增值性。跨学科学习是一种长程性的学习，学习过程会经历若干个阶段，因此，对应学习过程的评价会以嵌入的方式进行，形成边学习、边评价的伴随状态。评价一方面以鼓励为主，保护学生学习探究的自主性，激发其学习实践的积极性，另一方面要体现指导性，帮助学生正确认识不足，促进反思，帮助学生更好地推进或调整学习方案，提高跨学科学习质量，从而不断提升学习实践效能。

语文课程本身具有较强的综合性、实践性和情境性。同时，语文课程作为基础课程能为学生学习、学好其他课程打下基础，为学生形成正确的世界观、人生观、价值观，形成良好个性和健全人格打下基础，也能为学生终身发展、建立文化自信打下坚实的基础。因此，在跨学科学习的过程中，教育者也要从跨学科学习的立意出发，培养学生的良好习惯，让学生感受中华优秀传统文化并形成文化自信，感受多元文化并形成创新思维，将跨学科学习目标、主题、学习过程、学习评价同学生的生命成长、文化传承与新时代有理想、有本领、有担当的建设者和接班人的内涵联系和对接，体现跨学科学习实践的育人本意。

总之，语文课程“跨学科学习”任务群的提出，是一种对时代发展和教育变革的回应，也是一种体现语文课程本质特征的智慧之选。

第二节　跨学科学习的实践思路

“跨学科学习”任务群作为语文课程内容组织与呈现方式之一，教师只有充分认识，才能积极实践。换一个角度而言，教师只有把握住语文课程跨学科学习的特质，才能指导学生通过跨学科学习实践，增强语言文字运用能力，达成综合性收获。因此，在具体的跨学科学习组织和引导过程中，我们建议教师从以下几个方面进一步澄清认识与跟进实践。

一、把握学科性，体现“语”为根本

跨学科学习植根于语文课程，是高质量建设语文课程的实践创新。为此，跨学科学习的落点应反映语文课程的目标达成，指向语言文字运用水平的提升，指向语文素养的培育。这就意味着跨学科学习主题应该源于学生的语文学习生活和日常的语言应用。在跨学科学习的过程中，教师应调动相关资源支持学生用各种方式进行交流与分享，感受优秀传统文化，激发学生的文化自豪感。

例如，学习了《景阳冈》一文之后，很多学生对武松和《水浒传》很感兴趣，就自然而然地生成了“108 将的前世今生”这个跨学科学习主题。在进行主题式学习的过程中，学生们根据既定学习任务，走进图书馆或书店，借阅或购买了《水浒传》。阅读其中的“好汉”故事之后，学生们又以小组合作的方式，通过说故事、评书、舞台剧表演等方式介绍《水浒传》中的主要人物故事，通过绘制人物卡片和展示的方式，分享对各人物的理解和认识等。在这一主题式学习过程中，学生综合运用多学科知识进行围绕主题的学习实践，但其学习的整个过程始终没有脱离对语言的理解和运用，始终彰显着语文课程的基本属性和学科实践的基本逻辑。

二、把握融通性，体现“跨”为方式

语文跨学科学习，顾名思义，就是综合运用多学科知识促进学生的语文学习。这是对过去学习方式的一种突破，基于某一学科，又不囿于某一学科，而是以一种跨界的方式，突破学科边界，打破学科思维定式，从学生和学习的角度重新定义学习。或者也可以说，语文跨学科学习以跨界的方式，使学生置身于语文实践的全时空。因此，语文跨学科学习运用的是“跨界”的方式，其本身实践的却是“融”的哲学。无论是学之时的“跨”，还是学之后的“融”，都体现在学生对语文课程素养的积累中，表征在其语言文字运用能力上。

以上述《水浒传》主题阅读为例。学生在主题式学习实践中，涉猎了语文、艺术、道德与法治、科学等多门学科，但是在整个学习实践的过程中都是围绕一个主题进行交流、展示、辩论等语文实践活动。而通过跨学科的学习，学生最终明确的是对“108 将”人物形象综合的、整体的、客观的认识和评价，是对《水浒传》这本著作的感受和评价。将多学科学习内容进一步统整并实现融会贯通，或许才是语文跨学科学习的真义。

三、把握成长性，体现“学”为要义

以课程实践促使学生在文化自信、语言运用、审美创造等方面得到发展是语文课程的目标和初衷。因此，在引导学生进行语文跨学科学习实践时，教师应以成长性思维进行规划和统摄，并在学习实践的过程中引领学生打破成长困局，实现积极生长。

例如，在六年级学生学习了课文《只有一个地球》之后，教师便联系这一单元所学的内容，生成了“我们的家园有没有未来?”这一个非常具有思辨性的跨学科学习主题。根据学习主题和教师的指导，学生们决定从学习主题的正反两方面入手，以分工合作的方式进行探索。为了证明自己的猜想和推测，学生们走进图书馆阅读，通过互联网查阅和检索最新、最具权威性和影响力的研究发现和创造发明。学生们还通过访谈收集同学、老师和社会公众的看法，通过走访的方式到气象台、水利局、应急局、科协等相关部门了解情况，而后撰写并发布调查报告，通过阐述报告、辩论和展示各项调查所得的方式印证自己的推测。在学生进行辩论和展示成果的过程中，教师没有下结论，而是请大家思考：“怎样才能拥抱我们家园的未来?”“未来的家园可能是怎样的?”显然，这两个学习主题关联着前一个主题，也成了学生继续思考、探索和实践的引擎。在这样可持续的跨学科学习实践的过程中，学生的成长显而易见。由此可见，无论跨学科学习主题如何，只要能够推动学生在自己能力范围内积极学习，同时也在实践的过程中，以挑战性任务为驱动，不断优化学生的认知结构，推动学生的成长性学习进程，就体现了语文跨学科学习为“学”而来、为学生成长而来的意义。

当然，关于跨学科学习的实践思路，仁者见仁，智者见智。无论是怎样的方式，只要把握了跨学科学习的基调，体现出其根本追求和实践价值，就值得肯定。“实践是检验真理的唯一标准”，任何思路都只是思路，只有经过实践，才能证明思路的曲与直。因此，不断地进行教学实践，不断地进行基于主题的实践和研究，才能真正在追索中思明辨真。这是求索的意义，也是成长的通途。

第三节 跨学科学习的实施策略

面向未来的教育呼唤跨学科的学习。诚然，“跨学科学习”任务群重在拓宽语文学习和运用的领域，增强学生语言文字运用的能力。这方面的认识大家都已经具备。目前一线教师的疑问主要在于怎样实施跨学科学习。这一节就将围绕跨学科学习的实施，结合相关例子进行阐述。

一、跨学科学习实践建议模型

根据新课标中对“跨学科学习”任务群的阐述和内容指导，结合语文教材的相关内容以及主题式学习的相关理论，语文跨学科学习的实施可以分成主题式学习和项目化学习两个类型，操作模型如图 9-1 所示。

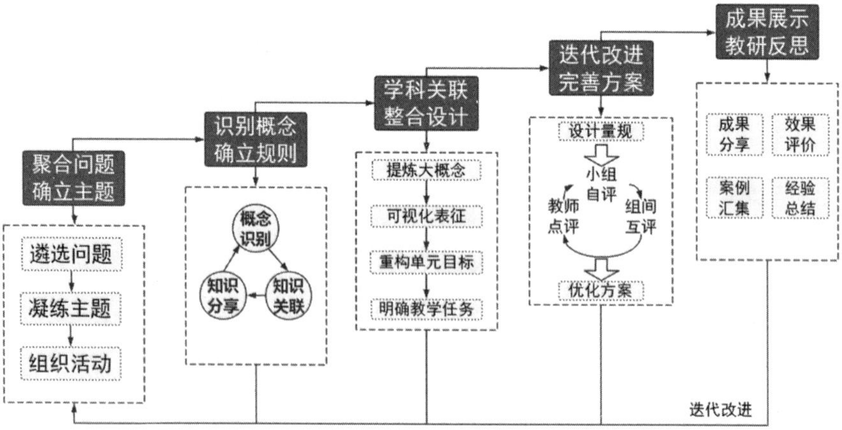

图 9-1 跨学科学习实践模型

无论是主题式学习还是项目化学习，语文跨学科学习的主旨始终是培育学生的核心素养。而每一个学习主题，都宜分解成若干个彼此相连的任务，并以任务召唤和驱动学生投入具体的学习活动中。在具体的学习活动中，学生综合运用多学科知识，以跨学科的方式融通学习和表达，从而生成相关学习成果。如此，主题学习的过程才有助于学生核心素养的综合培养和提升。

如在学习一年级课文《文具的家》的过程中，教师组织了以“爱文具”为主题的跨学科学习，通过请学生各抒己见，围绕学习主题确定了四个学习任务，分别是“认识文具”“整理文具”“买、借文具”“做文具的好朋友”（表 9-1）。

表 9-1 《文具的家》跨学科学习任务

主题	任务	学习活动
爱文具	任务一 认识文具	1. 读课文，知道“文具的家”在哪里 2. 为文具盒里的文具写名字 3. 夸一夸你的文具，和同学交流文具的好处 4. 你知道古时候的文具是什么样的吗
	任务二 整理文具	1. 学习整理文具 2. 每天进行文具的整理 3. 交流整理文具的小妙招
	任务三 买、借文具	1. 到超市、商店或者网店购买自己需要的文具，在购买的过程中如果需要帮助，注意用礼貌用语，在问询的时候讲清楚 2. 借用文具的时候，想一想要怎么说才能说清楚自己要借的文具，做到友好借用，有借有还
	任务四 做文具的 好朋友	1. 了解“文具的生产”，知道文具是怎么来的，讲给大家听，如“笔”的来历 2. 为文具画像。可以用画笔画单个的文具，也可以为文具家庭画一张“全家福”。为文具画像，可以用文字描述的方式，描写单个文具，或者写一写你文具盒里的“一家人” 3. 发出保护文具、用好文具的倡议（可以用文字，也可以用宣传语和海报的方式）

首先，纵观四个学习任务，先易后难，层层深入，既符合一年级学生的学习特点，也体现出学习循序渐进的实践思路。其次，根据四个任务设计的学习活动，既沟通了课内和课外、校内和校外，还关注了线下和线上之间的联系和区别，体现了学习环境的生活性和学习场景的真实性。再次，在学习活动中，学生运用语文、艺术、道德与法治等多学科知识进行了综合实践，实现了学习过程中的合作、交流与分享。最后，围绕学习主题的四个任务，在具体的学习活动中，学生经历了识字与写字、阅读与鉴赏、表达与交流、梳理与探究等基本的语文实践，在增强对“爱文具”这个主题的认识过程中，也增强了书写、表达（包括口语交际）等方面的语言综合运用能力。另外，跨学科学习实施过程中值得注意的是：其一，主题应适应学生学习发展的需求，从真实而必要的问题或话题中产生。其二，对应学习主题的学习任务应充分体现活动性、跨学科性和驱动性。其三，学习实践过程应注重学生与学生之间的交流和分享，注重对学生合作思想的培养和合作行为的引导。

二、跨学科学习实践基本原则

语文课程内容丰富，呈现方式多样。在大情境、大单元、大主题、大任务等大观念或大概念的主张纷至沓来的过程中，一线教师必须穿越理念的丛林，回到语文课程本身的思辨与探索。进行语文课程跨学科学习实践，一方面需回应课程育人的导向，将语文跨学科学习与学生核心素养培育相结合；另一方面需回应语文课程特质，将语文跨学科学习与课程的基础性、实践性、综合性、情境性相结合。在此基础上，以育人为第一要务的语文跨学科学习在实践的过程中需要遵循三个基本原则（图 9-2）。

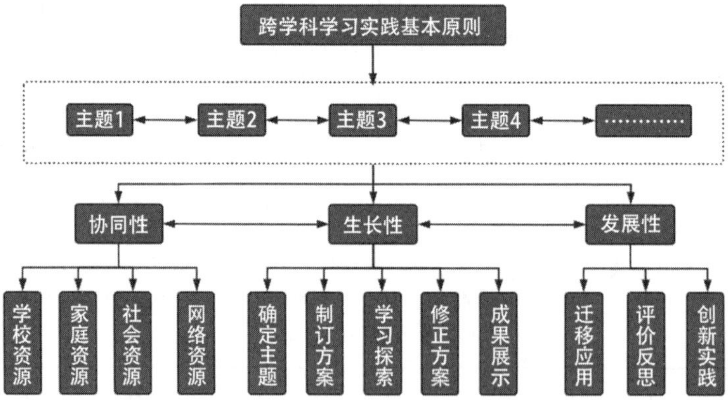

图 9-2　跨学科学习实践基本原则

第一，以学习的完整体现生长性。

无论学习主题的包容度和复杂性如何，不管学习活动参与的人数是多还是少，学习者都要经历选择确定主题、制订学习方案、进行学习探索、反思修正方案、展示学习成果等基本流程。在引导和推动学习的过程中，教师应鼓励和支持学生经历跨学科主题式学习的全过程，使学生在完整的学习历程中建立起发现问题、分析问题和解决问题的基本思路，在头脑中建立认识事物的基本的思维方式。学习具有不可替代性，只有亲历，学习者才能将前经验和新知识进行联结并生成新认知，从而以同化或顺应的方式，建立新的优化的学习图式。

第二，以资源的统整体现协同性。

跨学科学习回应了学习科学最新的学习成果，在时间与空间、学科与学科、真实与虚拟、人与物之间均有“跨”度。因此，在学习设计和活动指导的过程中，教师应注重学校资源、家庭资源、社区资源、网络资源的统整性运用。这也要求学校要在跨学科实施的过程中，以更加开放的视野，以更有担当的姿态，主动做好资源开掘和打通的工作，帮助教师和学生进行基于真实社会生活的学习主题的学习和探究。当然，在进行资源统整和协同的过程中，根据不同的学习主题，教师还要注意进行资源的甄别和筛选，同时也要指导学生在保障安全性的前提下用好资源。

第三，以评价的优化体现发展性。

跨学科学习，从学习主体来看，既有学生个体的学习，也有团队合作的学习；从学习的媒介来看，既有具体可感的实物，也有学习参与者和支持者等之间思想的碰撞和技能的互补，还有互联网系统环境的补充；从学习需要的时长来看，既有长程的，也有短程的；从学习的成果来看，既有可以用纸笔呈现的内容，也有非纸笔可以表现的内容。如何通过评价体系的优化促进跨学科学习高质量实施，推动学生核心素养的发展，成为必然思考。构建以促进学生核心素养发展为导向的评价体系，有利于推动跨学科学习实践，有利于彰显跨学科学习特点，有利于实现跨学科学习目标。

三、跨学科学习实践主要策略

语文跨学科学习是基于语文课程，通过跨学科的方式，在真实复杂的社会生活情境中综合运用知识，发现问题、分析问题、解决问题的过程。跨学科学习在某种意义上或许也可以看作对学生和学习的重新定位，体现了对学生的尊重和对学生学习主权的肯定。如何引导学生开展能提升学习品质、获得更多心流体验的学习？这里提供三个跨学科学习的主要策略供大家探讨。

其一，全面了解，通过真主题（问题、任务）驱动真学习。

语文跨学科学习指向学生核心素养培育。从这个角度来说，只有真实践，才能产生真素养。因此，在跨学科学习实施的过程中，如何让学习真正发生仍然是实践中的一个关键问题。如何避免作秀或无病呻吟式的虚假学习？首先得找到学生真正想参与探究的跨学科学习主题（问题、话题）。什么样的主题能让学生感兴趣并期待和投入？选择主题时得扣住“有意思”和“有意义”这两个词。这就要求教师了解以下几点：一是要了解学生。了解学生的知识储备、学习探究的兴趣点以及学习状态。二是要了解学科。了解语文课程的教学目标、知识谱系，了解语文教科书的内容板块设计和进阶顺序。三是要了解教学团队。了解教学团队关于学生、学科、学习等方面的教学关注和见解，以及教学团队基于教学问题进行互动探讨和商议时呈现出来的不同优势。基于以上“三个了解”，就能较好地对接语文课程的教育目标和教学进度，对应学生的学习兴趣点和最近发展区，通过集体商议进行主题方向的确定和子任务的设计。有了“三个了解”的基础，还可以根据统编版教材中综合性学习的内容板块，通过师生互动性和创造性的设计，以跨学科学习的方式整体策划并进行学习实践。

其二，全程互动，通过真参与促进真体验。

语文跨学科学习具有跨时间、跨空间的特点。在学习主题的引领下，对应若干学习任务的实践呈现出阶段性和合作性特征。如前文中“爱文具”主题学习，四个学习子任务既可以按时间先后排列，由每个小组按任务顺序依次进行实践；也可以并行排列，按小组分领任务的方式，同步实践。无论是哪一种实践方式，都是以小组合作展开学习实践。合作意味着分工明确，彼此帮助，共同贡献和共享成果。因此，在跨学科学习实践的过程中，教师要通过小组学习指导、学习阶段支持和任务实践参与等方式加强与各学习小组甚至是学习个体之间的互动，同时也要指导和主持各学习小组成员之间学习实践情况的交流、分享。在学习实践的过程中，教师还应组织阶段性的主题学习交流活动。在邀请各小组交流学习进展、展示学习成果和提出实践思考或表达实践困惑的过程中，有意识地推动各小组成员集思广益，群策群力，指导各小组分析问题，提出解决问题的策略，促进学习持续推进。除此之外，教师还要注意在整个学习实践过程中多与家长进行支持学生跨学科学习实践的互动和交流。与家长的互动有助于强化家长的参与和支持意识，帮助学生更好地投入学习任务实践。教师积极地与学生互动，有助于保证学生的参与面和体验度，有助于提升学生跨学科学习实践的有效度和获得感。

其三，全员评价，通过真表现托举真成长。

跨学科学习评价体系设计直接影响学习信度和效度。跨学科学习评价之难源于其本身的特点。教师是课程的设计、组织和评价者，跨学科学习评价体系的研制涉及对评价目标、评价方式、评价主体、评价内容和评价结果表达等指标的考量。评价是为了促进跨学科学习的有效实施，依赖全社会的共同关注和集体支持，因此，学习评价既要评关键人员（学习者），也要评辅助人员（教师、家长等），而学习评价主体也应是所有参与人员。由此全员评价的自评、互评共建互通体系便可形成。全员评价体系的建立有助于最大限度地了解学生的学习表现。特别是学生在进行互评的过程中，同学的学习参与和表现也会对学生自己有所触动。全员评价体系将教师、家长及其他相关人员都纳入被评价的对象中，能够使具有学习推动者和支持者身份的相关人员增强学习指导和促进的责任感，在评价期待中获得反思或鼓舞，从而更好地履行自己的职责。因此，尝试研制并建立全员评价体系，努力跟进学生全程学习表现，在学习的进程中注意给予诊断性评价以指导学生有效沉浸与积极实践，应是支持学生跨学科学习实践的有效策略。

总之，全球化浪潮不断改变着人们对学习的认知，也不断推进着学习的变革。在跨学科学习方兴未艾的今天，对于跨学科学习实施策略的设想和探索应成为每一位语文教育工作者的实践责任和教育使命。

第四节　跨学科学习的教学举隅

语文跨学科学习的教学可以根据教材情况围绕一篇课文的学习进行或是围绕一个单元学习的主题来设计，还可以根据教材中综合性学习板块内容策划和推进，也可以就学生在学习过程中产生的问题和感兴趣的话题来整体建构。下面就结合具体的实践案例来介绍。

案例一：汉字真有趣

新课标对于不同学段跨学科学习的学习内容做了明确的要求，学习内容主要涉及的学习主题可以分为观察记录类、创意设计类、参观体验类、调查研究类四种类型。其中，在传统文化学习方面，第三学段要求学生在参与学校和社区举办的戏曲、书法、篆刻等相关文化活动后，能运用作品、图片、语言、文字、探究等多种形式分享自己的经验与感受。新课标强调基于现实生活、真实情境和学生的真切需求，以主题学习活动的方式实现课程整合。因此，日常生活和现实需求是开展跨学科学习的重要来源。

基于以上认知，结合小学语文统编版教材五年级下册的“遨游汉字王国”综合性学习内容，我们推出了一个跨学科学习主题“汉字真有趣”。

一、创设情境学习任务

虽然 2022 年为期几个月的全国文明城市评选已然结束，但为了进一步助力苏州打造全国文明典范城市，我们设计了以“文明城市我来创”为主题的跨学科体验式活动。

任务 1：景区文明我来护

木渎古镇位于苏州古城西部，又名渎川，作为江南地区的著名旅游景点，与苏州城同龄的汉族水乡文化古镇，距今已有 2000 多年的悠久历史。

当下木渎古镇各类景区、公园内乱涂乱画，踩踏、毁坏草木等不文明现象时有发生。本任务组织学生为木渎古镇以及公园设计各类标语，如“游览无须‘刻’制”“青青芳草，何忍踏之”等，鼓励学生充分发散思维，每人想一条具备创新性的标语，从微小的细节中培养学生的文明意识。

任务 2：校园文化我来宣

学生是校园文化的创造者、继承者、弘扬者之一，也是校园文化的主要受益对象。良好的校园文化，将对学生全面发展起到积极的促进作用，而利用特定的校园场景进行书法文化宣传是一种比较常见的，且容易被学生认可、接纳的文化宣传方式。

本任务下设了“书法文化连廊展”和“卫生间标语上墙”两个小活动。

书法文化连廊展活动分为以下几个步骤：第一步，确定展览主题，并根据主题列好详细框架；第二步，组织学生广泛收集网络素材，并对素材进行分类整理、删减、添加；第三步，对整理好的素材进行排版美化，制作书法文化宣传海报；第四步，选定合适的时间，在校内长廊展出，可选出几名学生担任小讲解员，并提前撰写好解说稿。

卫生间标语上墙活动分为以下几个步骤：第一步，搜集网络素材，根据校内各卫生间的实际布局甄选出合适的内容，如“来也匆匆，去也冲冲”；第二步，排版制作，以新颖、美观为标准，严格保障标语制作质量；第三步，选择好合适的位置后进行张贴。

在以上两个小活动中，学生以校园文化宣传者的身份进入各项活动流程，在提升校园文化氛围的同时，也可增强对校园的荣誉感、归属感。

小结：整个学习任务立足真实的校园情境，指向劳动、书法、美术等多学科的跨学科学习。

二、组织实践体验活动

（一）校内综合性实践活动

1. 金山碑拓我来学

“金山碑拓”在苏州当地的知名度很高，更是吴中区的非遗文化。让孩子们尝试着接触金山碑拓，不仅可以有效拓宽孩子们的视野，让他们有机会近距离感受非遗文化的魅力，而且可以在他们幼小的心灵深处播撒下一颗文化自信的种子。

本次实践活动邀请苏州市非物质文化遗产碑刻技艺传承人戈春男大师亲自为学生讲解金山碑拓的具体制作过程。在教学过程中，戈春男大师告诉学生们，金山碑拓制作最关键的一点便是力度的把握。拍墨时要轻，力度要均匀，只有这样，才能保证宣纸不破不皱。半个小时的持续拍打，多项制作流程，对孩子们的耐心是一个不小的考验，但看到漂亮的碑拓成品，孩子们都非常有成就感。

2. 陶冶身心我能行

书法练习是一项需要高度集中精力的活动，长期坚持，可使练习者变得更加细心、专注，改善性情。学校在每周的星期三开设了书法兴趣课程班，根据孩子们的不同水平设置了基础班和提升班。学生报名学习的热情很高。

正式开课后，很多学生都能静下心来投入练习。一段时间后，学生的书法水平均有不同程度的提升。有几个平时比较好动或易怒的学生变化最为明显，从一开始没写上几分钟就东张西望，到后来可以心无旁骛地练上大半堂课，他们的蜕变令人欣喜。

小结：本次实践活动依托真实的校园环境，立足学生综合素养的培养与提升，指向劳动、书法、心理等多学科的跨学科学习。

（二）校外综合性实践活动

1. 社区春联我来送

利用春节假期，学校组织本校书法教师以及社会上的书法协会会员，完成了春联题写工作。在与社区管理者进行接洽沟通后，本校的学生在教师的带领下，为社区中80岁以上的老年居民送去了春联，并全面负责后续的张贴任务。

在这次实践活动中，学生们借助学校以及教师的帮助走出校园，与社区居民进行了互动。为老人送春联、贴春联虽然只是微不足道的小事，但整个过程处处可见正能量的彰显。以这样的方式传播、弘扬书法文化，也给孩子们留下了极其深刻的印象。

2. 匾额楹联我来品

作为蜚声中外的“园林之城”，苏州本地很多园林中的匾额和楹联本就是书法艺术，具备极高的审美价值。学校利用课余时间组织学生前往园林进行实地的参观游览。

在学习字形结构特点的相关知识、查阅网络资料后，学生兴致勃勃地踏上了参观之旅。到达目的地后，他们一边欣赏园林美景，近距离感受传统园林文化的强大魅力，一边自由随性地欣赏园林中的匾额和楹联，在轻松愉悦的氛围里学习到了很多书法知识，完成了一次体验良好的校外实践活动。

3. 错字应用我来找

错字本指在字形、笔画、结构上书写错误的汉字，而生活中的错字往往是指突破了正常使用方式的汉字使用现象，按照类别细化，又可分为故意用错和不慎用错两类。

（1）错字妙用我来赏。

广告中出现错字是一个很频繁也很常见的现象。在本任务中，孩子们通过查阅网络资源、户外走访等方式，搜集到了大量的错字案例，例如“咳不容缓”“有杯无患”“乐在骑中”“衣衣不舍”等，并将其全面汇总后进行了分析。孩子们踊跃发言，各抒己见，阐明自己对错字的理解。他们普遍认为，商家故意写错的错字能为广告语增添趣味性，令人印象深刻。通过本次实践，他们充分感受到了汉字的美妙和汉语文化的博大精深，更坚定了学好语文这门学科的信心。

(2) 错字误用我来纠。

除去广告语外，生活中出现的错字也比比皆是，例如书籍中出现的错字、亲友交流信息中出现的错字、街头小店招牌上的错字，如“好象”“抄饭”“家俱”等。这些错字的存在，虽然不会影响人们的生活，但具有一定的误导性，不利于小学阶段的学生打好语文基础。

于是学校开展了“啄木鸟纠错”行动，旨在让学生通过发现生活中的错字来提升他们对于汉字书写的敏感程度，提升他们的语文学科素养。实践过程中不断的发现、不断的纠错，让学生收获了满满的成就感，树立了认真、严谨的学习态度，在语文学科学习中也拥有了更加饱满的热情。

小结：本次校外实践活动，以提升学生的语文学科素养为核心，立足苏州本土文化和真实的生活场景，指向劳动、书法、心理等多学科的跨学科学习。

综上所述，以“汉字真有趣”为主题的课程学习，不仅是跨学科的学习、跨地域的学习，还是跨时空的学习。学校依托本土丰富的文化资源，综合运用多种学习手段，整合多类型的资源，不断丰富学校课程形式，促进学生综合素养的发展，培养符合社会主义事业需要的德智体美劳全面发展的高素质人才。

案例二：“折柳”与相送

语文课程内容丰富。就课程育人指向而言，语文课程以文字、文章、文学的方式深植的是文化，是对中华优秀传统文化的传承，是对革命文化的认识，是对社会主义文化的理解，最终使文化自信深种于心。围绕文化这个话题，教师还可以“创编”的方式，通过跨学科学习，让学生了解中国文化，培养文化意识，体验文化情趣。

踏青赏柳是春季的热门活动之一。古时人们将柳树称为小杨、杨柳。在传统诗词文学中，清新柔媚、鲜嫩可人的杨柳承载着柳丝般拂不去、理不清的浓厚情感，有留恋、惜别、依依不舍之意，是缠绵悱恻、情思绵绵的一个经典意象。

在现代语文教育课程中，大量有关杨柳的诗句进入课堂，“羌笛何须怨杨柳，春风不度玉门关”“渭城朝雨浥轻尘，客舍青青柳色新”“忽见陌头杨柳色，悔教夫婿觅封侯”……杨柳意象的魅力，穿越时空的界限，统一了现代与古代的文学审美。

个性含蓄内敛的古人们热衷于将厚重磅礴的情感寄托于具体的某一件事物，而杨柳这一意象在诗歌文学作品中，一直具备着极其强大的寄情功能。如《诗经》里的《小雅·采薇》云：“昔我往矣，杨柳依依。今我来思，雨雪霏霏。”这两句话通过描绘不同景物的变迁，使出征战士内心的感伤呼之欲出，自然流畅的表达也成就了千古流传的名句。

在文人墨客的笔下，“折柳”这一意象更是俯拾即是。“柳条折尽花飞尽，借问行人归不归”“纤纤折杨柳，持此寄情人”……折柳意象一入诗词，缠绵之意便平添几分。

或许折柳的习俗从何时开始今人已无法考究，但可以肯定的是，它兴于民间，也盛于民间，到了汉代，折柳相送已经是相当普遍的社会习俗。

唐朝时期，在长安城的东郊有一条河名为灞水。传言灞水本名滋水，秦穆公为彰显其霸业特意将之改为灞水。为美化灞水周边环境，后人在灞水桥两畔遍植柳树，而绿柳成荫的灞桥日后逐渐成为热门的送别地点，灞桥折柳的典故也随之衍生。后世提及灞桥，更多联想起的不是秦穆公的宏图霸业，而是杨柳青青、依依相送的别离场景。

而关于为何是柳枝而非其他树木的枝条，其实细究起来也并不复杂：

首先，柳的谐音同“留”，对于送别人来说意为期待被送别的人留下，不再踏上山水迢迢的路途。虽然这份心愿多数时刻无法达成，但表达出挽留之意，既是一种必要的礼节，被送别的一方也能感受到一份情感上的温暖慰藉。

其次，自古以来，柳树便是相当平民化的树种，折起来也更为便利。

再次，柳树是极易成活的树种，哪怕无根的柳枝被插入土壤，只要土中有水分，也可顺利存活。“无心插柳柳成荫”这一俗语，从另一层面来说，也是对柳树强大生命力的肯定。

最后，“折柳相送”所蕴含的，还有一份美好的祝福。人离故乡，犹如树木离土。期盼远行的人，能像柳枝一样随遇而安，迅速地适应异地他乡的生活，能像柳枝那样绵绵不绝、生生不息，哪怕再艰苦也能顺利地扎根立足，这也是赠柳的另一重寓意。

唐代诗人韩琮《杨柳枝》一诗云：“灞陵原上多离别，少有长条拂地垂。”明代诗人高启《江上送客》一诗云：“惆怅今年频送客，长条欲折已无多。”因离别的次数太多，折柳的次数太多，以至于连长一点的柳枝都难以寻觅。这分明是对折柳送别习俗的流行程度的有力佐证。

在送别的场景中，除去柳枝这一必须出场的经典物品外，再配以应景的乐曲、纵情开怀的歌唱，方能使送别与被送别的双方都得到充分的情感释放，而古曲《折杨柳》也正是使用频率相当高的经典送别乐曲。眼前有杨柳、手中有杨柳、曲中有杨柳，缠绵哀婉的氛围被渲染到了极致。

被送别的人包含了亲人、友人、爱人，彼此间依依不舍的那份情感自然也囊括了亲情、友情与爱情。一根看似微不足道的柳枝，也仿佛被赋予了千钧重量，“礼轻情意重”的俗语被古人演绎得淋漓尽致。

与具象的杨柳相比，那些看不见的杨柳往往更令人刻骨铭心。“谁家玉笛暗飞声，散入春风满洛城。此夜曲中闻折柳，何人不起故园情。”每每提及故乡，李白应用在其他诗词作品中那些艳丽华美的词藻、激越昂扬的诗情，往往全都会消散得一干二净。

折柳相送体现着古人渗透在骨子里的浪漫与优雅，蕴含着真挚的情感与美好的祝福，同时也是一个能够彰显中国传统文化非凡魅力的词条。

2022 年的冬奥会折柳寄情环节，导演用“一首曲、一群人、一捧柳枝、一束光、一片绿荫、一起向未来”六个“一”诠释了庄严的仪式。“此夜曲中闻折柳，何人不起故园情。”当人们手捧绿柳缓缓走向场地中央时，观者的惜别怀远之情涌上心头。17 天的相聚里，有友谊，有团结，给拥抱彼此的人们留下了一份温暖的冰雪记忆……

曲终虽人散，情缘却永存。折柳寄情，望去者前程万里。

由上两个案例可知，语文跨学科学习应始终围绕语文课程育人目标，以大单元的思维围绕主题进行建构，以主题化、项目化的方式，突破学校时空局限，链接社会生活，融通线上与线下、个性与共性。教师在进行语文跨学科学习活动设计和指导的过程中要充分应用和实践整体性思维、系统性思维和融通性思维，以期通过跨学科学习，培养学生分析问题、解决问题的能力，发展学生自主探究和合作互动的能力，使学生的核心素养在主题学习的过程中不断提升。

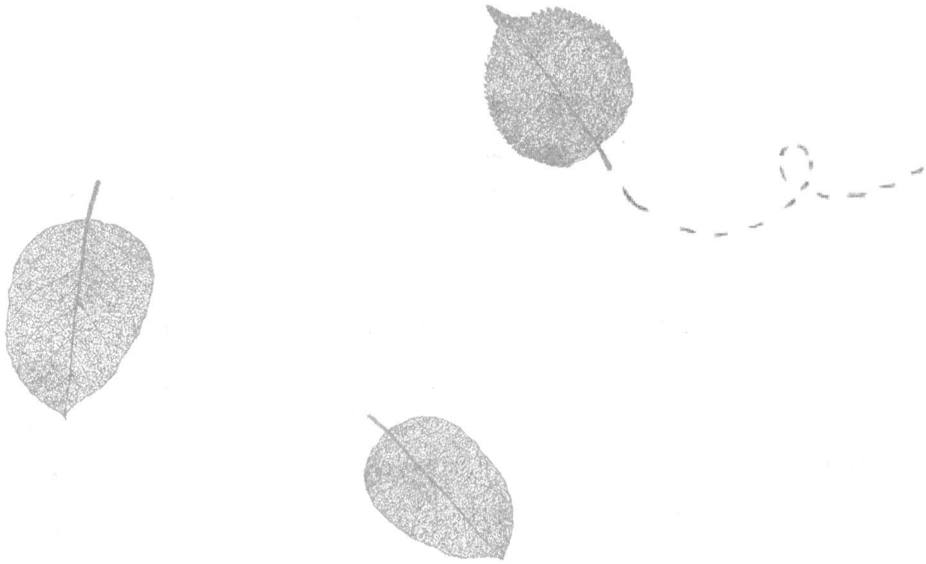

第十章

“大单元教学”任务群

小学语文教材双线组织单元内容构建了具有整体性、关联性和发展性的语文学习目标体系。新课标指出：“学习任务群的安排注重整体规划，根据学段特征，突出不同学段学生核心素养发展的需求，体现连贯性和适应性。”可见单元教学已是一种教学意识和教学方式。如何以整体建构为理念和实践路径来实践单元教学？本章拟围绕此进行探讨。

第一节　对大单元教学的认识

一、“双线组元”整体引领

小学语文统编版教材注重对学生整体意识和全局意识的培养。三至六年级每册每个单元导语页都清晰地反映出本单元的人文主题、语文要素，构成本单元的课文、练习、插图等助学系统都围绕着“双线并进”的原则。“双线组元”整体引领整个单元，它是单元教学的纲领，是开展教学活动的方向标。有了单元教学这一教学理念，紧握“双线”，立足单元，整体建构，才能提升学生整体思维水平。

二、单元编排整体呈现

小学语文统编版教材的每个自然单元的编排都有一定的整体性。以五年级上册为例（表 10-1），该册共有八个单元：三个单元是按文体来编排的，第一单元散文、第三单元民间故事、第五单元说明文；一个策略单元，指向加快阅读速度这一策略；其余四个单元分别以“爱国之情”“舐犊之情”“自然之美”“读书之乐”为题材来编排。

表 10-1　五年级上册单元编排

编排类别	单元	课文题目
同一文体	第一单元	《白鹭》《落花生》《桂花雨》《珍珠鸟》
	第三单元	《猎人海力布》《牛郎织女（一）》《牛郎织女（二）》
	第五单元	《太阳》《松鼠》
同一策略	第二单元	《搭石》《将相和》《什么比猎豹的速度更快》《冀中的地道战》
同一题材	第四单元	《古诗三首》《少年中国说》《圆明园的毁灭》《小岛》
	第六单元	《慈母情深》《父爱之舟》《“精彩极了”和“糟糕透了”》
	第七单元	《古诗词三首》《四季之美》《鸟的天堂》《月迹》
	第八单元	《古人谈读书》《忆读书》《我的“长生果”》

每个单元中，同一个语文要素编排呈整体式。如以上第三单元的语文要素：了解课文内容，创造性地复述故事；提取主要信息，缩写故事。这一要

素不仅贯穿于单元每个板块，并且要素的落实得以反复巩固、层层递进（表 10-2）：讲一讲—发挥想象说具体，演一演—绘制连环画，配上文字—丰富细节，配上动作神情讲故事—缩写故事—梳理创造性复述的方法—运用方法讲具体。

表 10-2　五年级上册第三单元语文要素编排

板块内容		语文要素
精读课文	《猎人海力布》	试着以海力布或乡亲的口吻，讲一讲海力布劝说乡亲们赶快搬家的部分
	《牛郎织女》	课文中有些情节写得很简略，发挥想象把下面的情节说得更具体，再演一演
口语交际	讲民间故事	可以适当丰富故事的细节，配上相应的动作和表情讲故事
习作	缩写故事	用上摘录、删减、改写、概括等方法缩写民间故事
语文园地	交流平台	梳理创造性复述的方法
	词句段运用	运用方法将故事情节讲具体
快乐读书吧	读中外民间故事	读中外民间故事，领略情感，认识人物，感知民间故事特点

由此可见，每个单元的课文、口语交际、语文园地、插图和练习等助学系统都紧紧围绕“双线”安排。一个单元的课文和教学内容都有比较明确的规定，这便于教师从整体上把握、设计教学活动。

三、要素训练整体上升

小学语文教材每一单元内部各篇课文和各个助学系统都因“双线”形成横向联系；各单元之间又因语文要素的梯度提升和核心素养的进阶形成了知识、能力、策略等完整的纵向的紧密结构。

在不同年级、不同学段的语文教材中，同一语文要素的训练呈螺旋式上升（表 10-3）。如关于“复述”这一语文要素在不同学段的落实：从低年段开始学习借助支架复述到中年段了解故事后直接复述，再到高年段学习简要复述和创造性复述，要求呈梯度提升。

表 10-3 关于“复述”语文要素不同年段训练要求

年级	单元	要素内容
二年级上册	第八单元	借助提示，复述课文
二年级下册	第七单元	借助提示，讲故事
三年级下册	第八单元	了解故事内容，复述故事
四年级上册	第八单元	了解故事情节，简要复述课文
五年级上册	第三单元	了解课文内容，创造性地复述故事

领悟教材单元编写的整体性有助于在单元教学中树立整体的教学观，面向“全局”，突出“单元”，实施更具完整性的单元教学。

第二节　大单元教学的实践思路

单元教学是一种教学意识和教学方式，要以整体建构为理念和实践路径。单篇和板块的教学，教学目标的定位，教学活动的推进，教学效果的评价都要立足整个单元。对单元内容进行调整、重组或充实，也都要立足更具完整性的大单元教学。

一、关注学习内容的整体组织

教师需洞察每个篇目、每个练习的编写用意，整体组织学习内容，设计体系式语文活动，避免教学中单元意识薄弱、着眼单篇教学、忽视单元共同点、缺乏对单元的整体教学的思考和组织。比如小学语文统编版教材第五册第二单元，以“秋天”为主题，单元包含的课文《古诗三首》写的是古代诗人眼中的秋天；《铺满金色巴掌的水泥道》《秋天的雨》两篇散文分别从落叶与秋雨两个有代表性的事物来表现秋天；《听听，秋的声音》现代诗歌着重从听觉的角度描写秋天。语文园地安排学生积累关于秋天的词语。教师掌握了单元内部学习内容间的关联与异同，才能避免支离破碎，实现整体的组织。

二、关注核心素养的整体培育

单元语文素养是教学的抓手，也是教学的落脚点。落实语文要素，才能发展学生语文核心素养。单元语文要素首先亮相于单元导语页，接着以“分步呈现，由扶到放，先实践后梳理”的编排理念出现于精读课文的课后练习、略读课文的阅读提示、语文园地“交流平台”或“词句段运用”中。基于单元内同一语文要素的编排特点，教师可通过精读教学，教给学生方法；让学生自读自悟，学用方法；引领学生巩固迁移，活用方法。教师可统整单元教学，也可调整单元间板块的教学顺序，如语文园地“交流平台”往往是梳理总结要素训练方法的，有时教师就可根据教学需要前置教学，开展精读教学后让学生及时阅读“交流平台”相关内容，完善要素落实的总结归纳，也为后续学习提供方向；有时“词句段运用”的内容与前面某一篇课文后的练习相关联，教师也可以前置教学。更具完整性的单元教学有利于学生核心素养的培育。

三、关注认知图式的整体优化

图式理论是认知心理学家用以解释、理解心理过程的一种理论。按照图式理论，人脑中所储存的知识都能分成单元、构成组块和组成系统，即形成图式。知识的学习在一定意义上就是图式的建构和优化。认知图式包括内容图式、语言图式和形式图式。语言图式，指的是语音、字、词、句等方面的语言知识及应用。语言生动的句子、有新鲜感的词语等，都是直接的语文要素，都可供在教学中引导学生建构认知图式。如小学语文统编版教材第八册第三单元现代诗歌单元，现代诗歌并非第一次在教材中出现，但本次以单元整组的形式呈现，为建构现代诗歌认知图式提供了素材。形式图式指的是关于文章体裁和章法方面的知识。不少语文要素直接指向文章的体裁和结构方法，比如读小说，关注情节、环境、人物形象。将具体的语文要素落到实处，学生自然能初步建构小说这种体裁的认知图式。

四、关注教学板书的整体设计

板书是一节课的整体思路与框架，同样也可以是一个单元整体教学的运行线索与结构。一个单元的知识在整体建构后，最终需要进行归类梳理，比较辨别。比如小学语文统编版教材三至六年级每册书中都有一个习作单元，基本上安排两篇精读课文，这两篇文章的学习能直接启迪学生的习作思维。因此，教师非常有必要在结束精读教学后整理板书，归纳并呈现两篇文章在选材、构思布局、遣词造句和表情达意等方面的异同点。如此板书才能成为学生的习作支架，帮助学生寻找到知识之间的连接点，将碎片化的知识连成线、结成网、筑成块，建立整体的结构思维，形成完整的认知结构，体验到欣赏与表达的独特魅力。

教学的关键不在于一个个知识点的反复咀嚼，而在于认知图式的建构。

第三节　大单元教学的实施策略

基于小学语文教材的大单元教学要求教师站在整个单元的视角进行思考与统筹。整体建构每个单元的教学需采用任务群的方式渐次展开，创设真实的学习情境，用具有整体性的语文学习任务来引领学生进入积极的语言实践。下面以三年级下册第八单元为例具体谈一谈单元教学模型。

本单元编排了《慢性子裁缝和急性子顾客》《方帽子店》《漏》《枣核》四篇课文。从文本内容来看，前两篇是童话故事，后两篇是民间故事。四篇课文故事的趣味性很强，语言儿童化。从语文要素落实来看，“了解故事的主要内容，复述故事”是本单元语文要素。把“复述”作为单元语文要素进行集中学习，在教材中是首次出现。从单元编排来看，第一、第三篇是精读课文，第二、第四篇是略读课文。一篇精读课文后面紧跟着一篇略读课文，这是编者有意为之，为“复述”要素的扎实落实提供了更直观、更便捷的路径。

一、情境创设：化即兴为沉浸

依据本单元编排特点，以及设定的单元目标和学生已有的知识经验，设置“发现故事里的趣味”这一大情境，统领整个单元学习，其中包含三个有关联、有层次的学习任务（图 10-1）。

- 发现故事里的趣味
  - 任务一　故事树下猜读故事（2课时）
    - 我的故事榜单
    - 我来寻觅故事中的趣味
  - 任务二　故事树下分享会（4课时）
    - 我能借助表格讲童话
    - 我能借助示意图讲民间故事
  - 任务三　故事树下长故事（3课时）
    - 这样想象真有趣
    - 有趣的故事会

图 10-1　“发现故事里的趣味”任务单

任务一“故事树下猜读故事”，创设情境并开展两个活动。教师可在谈话中吸引学生一起来读更多的故事，发现故事里的趣味，送给学生每人一棵“故事树”，希望他们在单元学习结束时，能让“故事树”长出有趣的故事。

活动一“我的故事榜单”：师生提供线索，互猜故事，猜对一个即可把题目写在“故事树”上。

活动二“我来寻觅故事中的趣味”：学生学习四篇课文，通过多种方式朗读，把课文读流利，识记、书写生字新词，交流测评“故事中的趣味”。通过测评的学生，在“故事树”上写上四个故事的题目；没有通过的学生，课余继续学习，通过后补上故事题目。任务一活动结束，教师统计“故事树”上的故事题目，谁得得多、谁得得快，就是第一阶段的优胜者。

情境创设符合三年级学生认知特点，能激发他们的参与热情，从整体上构建起这一单元的学习。

二、任务驱动：化割裂为关联

在情境任务下设计有体系、有意义、开放真实的学习活动，能让学生充满挑战欲望，接受挑战，享受挑战。

第二个任务是“故事树下分享会”。教师引导学生根据文本的不同特质，有所侧重地开展学习活动。

活动一“我能借助表格讲童话”：《慢性子裁缝和急性子顾客》全文共有二十九个自然段。三年级学生复述的难点在于“长”，需“化长为短”。教师可引导学生关注文中时间词“第一天”“第二天”“第三天”“又过了一天”，聚焦四次对话，建立表格。表格中裁缝和顾客四次对话分别以“做棉袄”“做夹袄”“做短袖衬衫”“做春装”推进，他们俩的一“慢”一“急”形成鲜明对比，趣味十足。这份厘清故事线索和内容的表格成为学生复述的支架。故事中“最后一次”裁缝与顾客的对话，留有想象空间。教师可点拨学生紧扣惊讶、恼怒等词想象顾客心情、语言，尝试挑战创造性复述。《慢性子裁缝和急性子顾客》后一篇是《方帽子店》。学生学“法”后可立刻用“法”：小组讨论，用什么方法来厘清故事条理，帮助复述故事；如果用表格，表格上该呈现哪些内容，作为复述故事的支架；设计表格，完善内容，借助表格复述。

活动二：“我能借助示意图讲民间故事”：《漏》《枣核》两课引导学生借助示意图，巩固复述本领。基于这两个故事都具有结构大体相同、语言相似的特点，学生领悟了故事内部的这些特征，复述就会比较容易，还能体验故事表达的趣味。

把握好任务驱动这一核心关键，学生就能在做任务的过程中习得经验、获得能力，使“复述”这一语文要素在进阶式任务中不断落实。

三、实践探索：化接受为建构

学习不是教师把知识简单地传递给学生，而是由学生自己建构知识。让学生自主建构知识的主要方式就是实践探索。

以上任务设置了大情境，不断有激发学生兴趣的机制，如猜读故事、交流检测、复述故事、创编故事等，并且每人有一棵“故事树”，完成一个任务，“故事树”上会长出“故事”，最后师生以此来评价学习情况。一个个充满挑战性的任务，符合三年级学生心智发展，能让接受挑战的学生保持持续的学习热情。任务难度由易到难，让每个学生都能通过。学有困难的学生能获得更多时间或者同伴的帮助，最后也能通过检测，获得学习的成就感。任务给予学生复述支架，让学生经历从和教师一起完成表格或示意图到自主完成表格或示意图的过程，习得方法；给予学生合作时机去复述故事；给予学生自由探索的空间，让学生挑战创编故事，发展创新思维。

在以上实践中，测评结果大体以“故事树”为载体，并配以相关的学习单和评价表。学习单主要指成为复述故事支架的表格和示意图；评价表指复述故事时，师生互评、生生互评，从“讲完整、讲清楚、有重点、有细节、有创意”等方面来画星星做评价的表格。最终，学生手中的“故事树”发挥了比板书更大的功能，它不仅是整个单元内容的结构化呈现形式，还是学生复述能力进阶的足迹。

第四节　大单元教学举隅

一、阅读单元教学案例

小学语文教材采用人文主题和语文要素双线组织单元的结构，加强了课文阅读、口语交际、话题写作等不同板块之间的联系，使学习成为学生能够在寻找文本关联的过程中主动参与、亲身实践、运用知识的有意义的过程。这为转变语文课堂教学，推进单元内容整合提供了有利条件。单元学习图式设计以整体视角整合课程资源和设计课堂教学，突出教学内容的主线以及知识之间的相互关联。一个单元学习图式就是一个指向核心素养的、相对独立的、体现完整教学过程的课程细胞。教师基于对课程目标、教材、学情的分析，通过提炼适切的单元主题，发掘并整合教材双线结构及其他诸要素之间的联系，创设一个完整且真实的教学情境，基于多元化的学习任务以促进学生核心素养的发展。

如小学语文统编版教材五年级上册第三单元安排了三篇长文：《猎人海力布》《牛郎织女（一）》《牛郎织女（二）》，其中包含两个民间故事。本单元口语交际的话题是“创造性地讲故事”。习作要求是“提取主要信息，缩写故事”，要求学生把较长的故事缩写成简短的故事，在掌握基本的缩写方法基础之上增强理解与概括能力。经分析，本单元除了“了解课文内容，创造性地复述故事”这一教学目标外，还要引领学生感悟思辨、拓展延伸，通过一个故事总结出主要人物的个性特征，激发学生对民间故事的阅读兴趣以及对人物性格的探究兴趣。同时，还要关注学生的字词掌握情况，通过多词造句、词语联想编创等途径，增强学生发散式的表达能力。

如何将上述提到的目标、内容整合成一个完整的单元学习图式？这便要求教师能够在明析单元主题的基础上构建单元学习图式。在这个单元中，单元主题较为清晰。两篇长文阅读、口语交际、习作、语文园地、“快乐读书吧”这五个板块紧紧围绕着“民间故事”这一人文主题组织课程内容与资源。基于学情分析，多数学生虽然对民间故事并不陌生，但是对于不同的学生来说，其感悟到的内容层次与情感深度是有差异的。如何引导每一位学生深刻地了解、鉴赏、探究、享受民间故事，在阅读民间故事的过程中发展学生的思维创造力，培养学生的丰富想象力，让学生在了解中国传统民间故事的基础上，通过创造性地复述，借助口口相传的方式将其传承下去，是教师在进行教学设计时需要思考的重点内容，也是本单元需要重点关注的语文要素。因此，在进行单元学习图式设计时教师可以创设“聊民间故事”“讲民间故事”“我是小编剧”这三个大的任务情境，把零散的内容、割裂的板块有机地整合成一个大的单元主题——“走进民间故事”。(图 10-2)

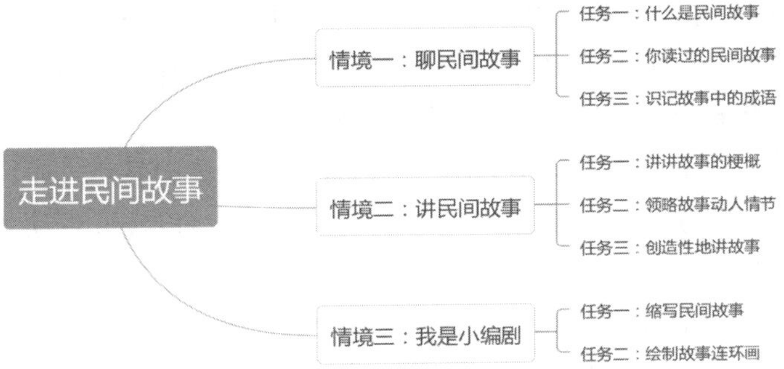

图 10-2 “走进民间故事”单元学习图式

“聊民间故事”是激活学生对民间故事深度学习的关键。在这一情境中，教师可以借助图片，主要以聊天式的交流激发学生阅读民间故事的兴趣。同时，教师要充分利用语文园地及“快乐读书吧”中的资源，通过分享中外其他民间故事拓宽学生的学习视野，借助学生提出的问题，梳理本单元的思辨点，如什么是民间故事，民间故事为什么能流传至今或者民间故事的魅力在哪里。最后，教师可以结合语文园地中“词句段运用”环节，引导学生探究俗语与成语之间的联系与区别，并进一步思考课文中成语的由来是否与民间故事有关，通过多词造句、词语联想编创等途径，增强学生发散式表达能力，为学生创造性讲故事、缩写故事做准备。

“讲民间故事”这一情境下设置的三个任务使学生深度构建学习内容成为可能。为了让学生了解并掌握民间故事的写作特点，把握课文中的主要人物故事情节，教师需帮助学生掌握回忆复述故事的方法，并根据方法选择一篇感兴趣的文章，利用列小标题的方式进行复述。同时，教师可借此了解学生搜集、分析、表达信息的能力，为接下来创造性讲故事做好铺垫。多数学生在阅读民间故事时只是流于表面，并没有真正用心去体味、去发现故事中的情节美与人物美。教师可带着学生走进文本，走进作者笔下所描述的一段段离奇的民间故事，让学生通过小组分角色朗读或以故事中人物的口吻讲故事，丰富故事的情节，把简单的地方讲具体。学生通过与文本的深层对话，能逐渐沉浸到故事的情境中，建立起有联系的知识框架，不断增强理解文本的感悟力。

在“我是小编剧”这一情境教学中，教师用生动有效的活动，组织学生进行主动积极的言语实践，将语文学习与实践活动整合为一个不可分割的整体。“缩写民间故事”是对单元写作的具体实践，也是对上一情境任务中讲故事环节的进一步考查。这一过程主要锻炼了学生的思维理解与概括、提取信息的能力。另外，“绘制故事连环画”这个任务将文本内容与学生的实际生活紧密相连，是学生基于真实情境的表达与交流活动，有利于学生进行深层次的思考和联想，对民间故事产生独特的体悟。

在本单元的学习图式设计中，学生通过三个情境中具体可操作的实践任务，将语文学习与生活关联起来，以情境推动任务，以任务带动实践，以实践升华情感。

另外，单元学习图式还需要体现“教、学、评”一体化的设计理念。在本单元“走进民间故事”这一大的情境任务下，其评价内容及评价要求主要依托真实情境的创设与活动内容的选择，重点考查学生的高层次思维能力以及语言知识迁移能力。因此，根据新课标相关要求与对教材内容及具体学情的分析，“走进民间故事”单元的评价图式如表 10-4 所示。

叶圣陶先生曾说“教育的最后目标却在种种境界的综合”，而语文单元学习图式是抵达这种境界的重要途径，它使语文教学诸因素紧密结合，让学生沉浸在学习进程中。

表 10-4　“走进民间故事”单元评价图式设计

<table>
<tr><th>评价情境</th><th>任务主题</th><th>评价内容</th><th>评价要求</th></tr>
<tr><td rowspan="3">走进民间故事</td><td>聊民间故事</td><td>1. 口语交际，分享读过的民间故事
2. 识读单元生字、词语</td><td rowspan="3">1. 交流类：能主动分享有关民间故事的内容，并向大家讲述自己喜欢的民间故事
2. 基础类：集中识字，准确读写，发现单元词语群间的关联，并能够通过字词造句、联想编创来掌握词语意义
3. 感悟类：体会故事的丰富情节，领略人物的优秀品质，并能够谈一谈自己的心得体会
4. 概括类：能准确把握故事的主要内容，能摘录、提取故事中的重要信息并进行整合
5. 实践类：通过小组合作，依据自己对故事的理解绘制出民间故事连环画</td></tr>
<tr><td>讲民间故事</td><td>1. 长文章阅读，领略《猎人海力布》《牛郎织女》故事情节，感悟人物品质
2. 回顾复述方法，创造性地讲故事</td></tr>
<tr><td>我是小编剧</td><td>缩写民间故事，绘制民间故事连环画</td></tr>
</table>

二、策略单元教学案例

小学语文教材以单元整组的形式独立编排四个阅读策略学习内容，并且设计了一系列学习实践活动内容，使之成为一个完整的、独立的课程单元。表 10-5 是统编版教材四个阅读策略单元的编排分布，体现了阅读策略教学的阶段性和系统性。

表 10-5　小学语文统编版教材策略单元安排一览表

单元名称	所在单元	具体表述
预测	三年级上册第四单元	一边读一边预测，顺着故事情节去猜想；学习预测的一些方法
提问	四年级上册第二单元	阅读时尝试从不同角度去思考，提出自己的问题
速度	五年级上册第二单元	学习加快阅读速度的方法
目的	六年级上册第三单元	根据阅读目的，选择恰当的阅读方法

小学语文统编版教材的大部分单元都会渗透阅读策略的意识，但是以上四个单元都是把阅读策略作为单元的核心学习目标，课文主要有精读课文和略读课文两种类型，引导学生经历学习—应用的过程：单元导语激发学生学习兴趣；精读课文指导学生认识、理解，逐步学习策略；略读课文引导学生自主阅读，应用所学策略；交流平台引导学生分享、总结策略学习心得，养成阅读习惯。另外教材还设计了一些实践活动，引导学生不断练习所学策略。如《胡萝卜先生的长胡子》课文中安排"读题目猜内容"的环节，《小狗学叫》一课提供三种结局让学生预测结尾等等。整个单元设计包含着一整套的关于阅读策略学习的流程和步骤，让策略学习更加有层次、有逻辑，让学生在循序渐进中习得策略。策略单元的板块结构基本如图 10-3 所示。

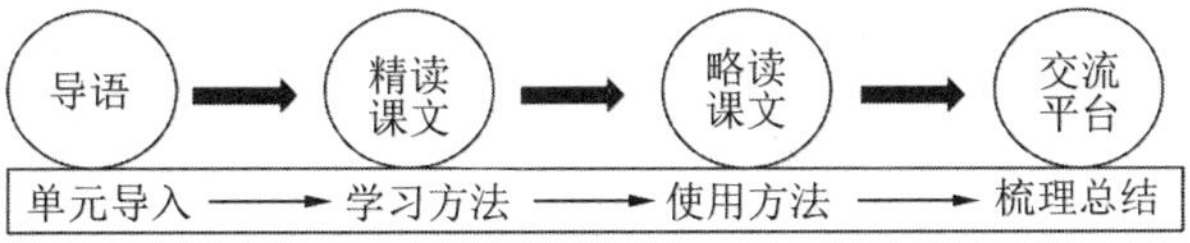

图 10-3　阅读策略单元板块结构

按照整合性的单元设计特征，笔者以小学语文统编版教材三年级上册第四单元——预测策略单元为例，结合图式理论，对策略单元的单元教学进行总体分析说明。

小学语文统编版教材三年级上册第四单元是小学阶段第一个阅读策略单元。本单元由一篇精读课文、两篇略读课文，还有口语交际、习作和语文园地构成。它以“预测”为线索构建了一个完整的“阅读群”，体现了单元整合的学习意识。每篇课文的学习目标也很明显，如图 10-4 所示：

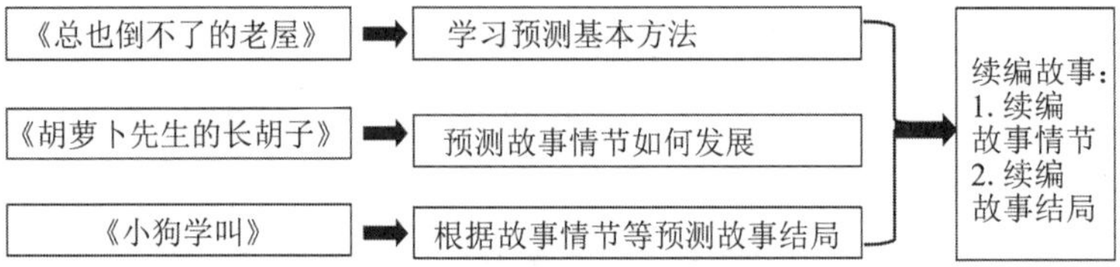

图 10-4　预测单元课文学习目标

学习第一课，让学生明白预测要有依据，懂得一些预测的基本方法。学习第二课，让学生有依据地预测故事情节发展。学习第三课，让学生学会预测合理的结局。第一课是第二、第三课学习的基础，而第二、第三课的学习是为学生能独立续编故事做好准备。学生在学会预测的基础上，如果能续编好故事的情节和结局，那么本单元的习作“续编故事”也就能水到渠成地完成。

依据这样的单元内容编排特点，结合学生已有的学习经验和单元学习目标，笔者设计了这一单元的学习任务单（图 10-5），以助力学生在头脑中形成相关的认知图式。这张学习任务单以预测为核心目标，细分为三个学习任务，引导学生有层次、有步骤地了解、学习、运用预测这一阅读策略。

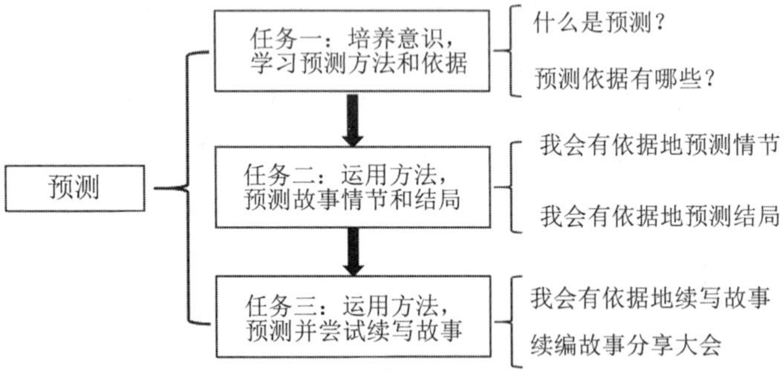

图 10-5　“预测单元”学习任务单

（一）任务一：培养意识，学习预测方法和依据

任务一是培养学生的预测意识，学习预测的基本方法。《总也倒不了的老屋》是一篇精读课文，重在学习方法。教师可以先关联学生以往的阅读经验，激发其预测兴趣。本课的课题左边有一个批注：“老屋总也倒不了，是被施了魔法吗？”这是学习预测的第一篇课文，在教学中教师需要先提供一

个预测的样式。对此笔者建议可以分三步走：第一步，出示预测的问题。问题可直接来源于课文或课题，如：猜猜这座总也倒不了的老屋长什么样。第二步，让学生预测。引导学生不看书进行开放性预测活动。起始阶段不必拘泥于寻找依据，只要有猜测的内容就可以了。第三步，将预测结果与课文信息对比。出示课文的插图及第一自然段，从中梳理老屋的四个信息：一百多岁、窗户变成黑窟窿、门板破了洞、很久没人住。让学生把自己猜想的结果与课文第一自然段的信息进行对照，猜对一点得一分，由学生标在书上课文题目的右上角（采用记分法激发兴趣）。

有了这个学习样式之后，教师可以总结一下关于“预测”的过程：① 预测后面发生什么事情。② 说明预测的依据。③ 对比预测的内容与实际内容是否一致。随后，教师可提供预测表格（表 10-6），让学生阅读后面的课文后尝试自己预测。当然，为达到更好的预测效果，此时让学生阅读的课文内容可以删减，教师可先隐藏第四、八、十二自然段。

表 10-6 《总也倒不了的老屋》学生预测表格

谁的请求	老屋会怎么做		
	预测内容	预测依据	实际内容
小猫的请求			
老母鸡的请求			
小蜘蛛的请求			

学生一边预测，一边填写表格，之后再进行交流。如果能说出预测的依据，可以加上一分。（参考依据：题目、插图、阅读经验、生活经验、课文内容、推理等等）最后，教师可以提供完整的课文，供学生对比结果。若预测的内容与原文不一致，学生还可以讨论如何调整预测方法。在总结预测依据和方法之后，教师可以引导学生讨论老屋的结局：“老屋最后倒了吗？”（认为“倒”或者“不倒”都要说出依据）此时也可以渗透文章主旨保护古建筑的文化理念。这一部分主要运用表格“由扶到放”，让学生在预测体验中慢慢习得预测的方法，掌握预测的依据。

（二）任务二：运用方法，预测故事情节和结局

任务二是在任务一的基础上，学习预测情节和结局。《胡萝卜先生的长胡子》是一篇略读课文，重在运用预测的方法，预测胡萝卜先生第三次会遇到谁，发生了什么。教师可以让学生边读边预测，不断修正想法，然后发挥想象，预测故事的后续发展，最后结合课后习题，比照故事，巩固有依据的

预测，还可以让学生进行阅读实践，根据题目预测内容。《小狗学叫》也是一篇略读课文，教师可以引导学生边读边预测后面的内容，梳理故事情节，再根据故事情节，预测多种结局，然后交流各自不同的想法，比照原文获取预测经验，最后进行阅读实践，运用预测来阅读课外书。这两个课时的预测练习能让学生不断强化对预测策略的理解和运用。

（三）任务三：练习方法，预测并尝试续写故事

本单元通过精读课文教学，依托故事让学生学习预测，又通过略读课文教学，让学生自主练习预测情节和结局，这为学生进行故事续写做好了铺垫。本次续写故事练习，预测的重点是故事的结局。而预测故事结局的依据可能是人物、插图等。因此，续写前学生要先读一读前三幅图上的文字，分清故事中的人物关系，了解故事的起因，然后展开充分的想象与联想预测故事的结局。在这个过程中，教师可以引导学生联系自己的背景知识进行预测，也可以通过提问或讨论的方法激活学生头脑中相关的认知图式，指导学生积极地、富有创意地预测。最后，再鼓励学生把预测结果用书面语言表达出来。班级里还可以举办"续编故事大会"，让学生分享自己预测的故事，体验写作的快乐。

当然，本单元的预测策略除了课文教学以外，还有多个综合性学习环节进行训练和落实。例如本单元语文园地中"交流平台"栏目运用三人对话情境设计了生活中预测的用法和作用，引导学生养成策略阅读习惯。再比如口语交际"名字里的故事"，名字的引申意义和文化意义也可以成为学生练习预测的内容。这些部分也可以穿插在学生预测练习的过程中。

在整个单元学习结束以后，教师应带领学生一起回顾运用预测策略的整个过程，总结运用预测策略的基本方法，让学生在脑海里建构完整的认知图式（图 10-6），进一步增强阅读思维能力。

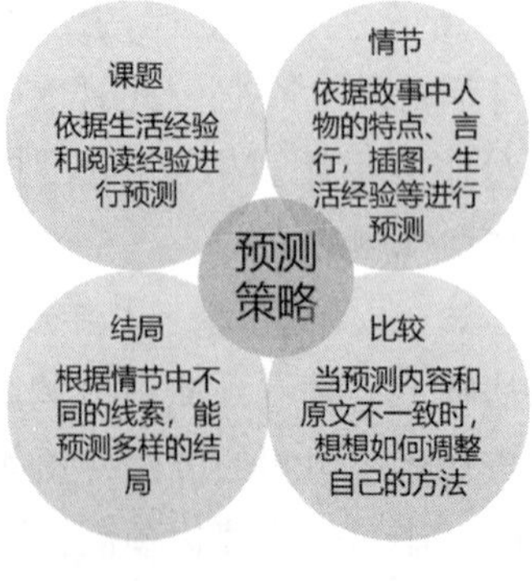

图 10-6　预测策略的认知图式

当然，在学完策略单元之后，教师要有意识地将策略运用到今后的阅读活动中，让学生不断运用，熟能生巧，内化为自觉的阅读能力。教师还应该引导学生不断挖掘、归纳、积累日常阅读中的其他阅读策略，提升学生的综合阅读水平。

三、习作单元教学案例

习作教学一直以来都是语文教学的重难点之一。新课标在表达与交流目标中明确提出了习作要求，从写作兴趣培养到能够写出观察类和想象类的作文，做到结构完整、条理清晰，再到把一件事或者按照顺序写清楚，学会说明方法，最后到能够围绕中心意思去写，写出真情实感和所思所想。由此可见，新课标对学生的习作要求呈现阶梯式上升，各个习作要素层层推进，环环相扣。针对学生日常写作的种种困难，教师应立足新课标的学习目标，不断探索让学生爱上习作、乐于写作的教学途径。

小学语文统编版教材三年级到六年级每册都设计了主题式习作单元。习作单元顾名思义就是专门训练习作的特别单元。习作单元主要由“单元导语”“精读课文”“交流平台”“初试身手”“习作例文”“单元习作”六个部分组成（如图 10-7），其中：“单元导语”明确单元学习语文要素；“精读课文”依据习作要求安排名家经典作品作为范文精读，让学生在读中学习写法；“交流平台”板块内容主要围绕单元中的两篇精读课文展开，重在对本单元的习作方法、要求进行总结；“初试身手”主要让学生学会学以致用，将习作知识运用到小练中；“习作例文”系统地为达成本单元的习作目标做指引，提供给学生一个习作练习的范例，让学生在单元习作中有法可学、有例可循。

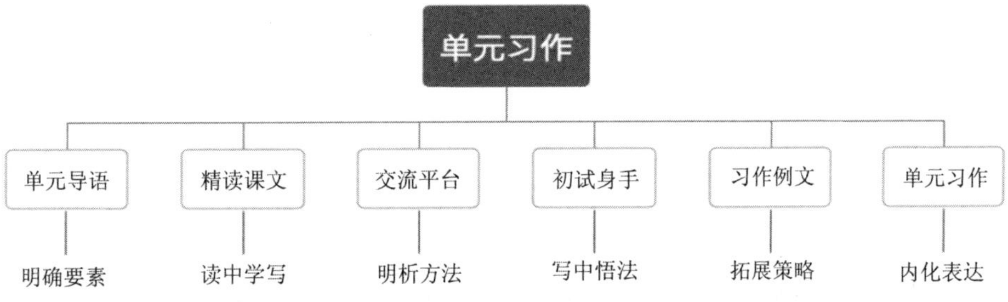

图 10-7　习作单元各部分安排及目标

习作单元这一模式的学习可以培养学生的理解与运用语言的能力。习作单元的学习是阅读理解和习作训练双线学习的过程。学生在阅读中学习写法，在习作中增强阅读理解力。通过学习习作单元，学生可以牢固地掌握一类文章的写作方法和技巧。

在以往的习作教学中，学生总会出现无方向、无方法、难下笔的情况。小学语文统编版教材习作单元的设计让这些写作困难得到了很好的缓解。教师在进行习作单元教学时，要明确习作单元的教学目标和编排特点。在此基础上教师如果能够恰当地运用图式理论，巧妙设计教学过程，就能让学生更清晰地达成习作目标，创作出优秀的作品。下面以统编版教材五年级下册习作单元为例。

统编版教材五年级下册第五单元单元导语中明确本习作单元的语文要素是："学习描写人物的基本方法。初步运用描写人物的基本方法，具体地表现一个人的特点。"这一要素渗透在本单元的其余五个板块中。"精读课文"包含《人物描写一组》和《刷子李》两篇课文，引导学生感知人物形象，初步了解写人的方法。"交流平台"板块以前两篇精读课文为例，明确指出写人要选取典型事例，掌握直接描写和间接描写的方法。"初试身手"针对单元习作的重难点，安排小练笔，让学生进一步感悟写人的方法。"习作例文"包含《我的朋友容容》和《小守门员和他的观众们》，聚焦单元习作目标，进一步巩固习作策略，拓展写人的方法。"单元习作"是对本单元前面内容的实践，要求明确单元习作目标进行创作，并能够依据要求进行习作评价、修改。习作单元的教学应当遵循阶梯式上升的规律，让学生在系统的单元学习中掌握一种或多种写作方法，提升写作水平。

（一）精读课文，初探细节描写

本单元中选入的两篇精读课文指向明确。《人物描写一组》中的三篇选文在人物细节描写上特征显而易见。教师在教授本课时应着眼于本单元的习作目标，让学生条理清晰地学习细节描写的方法。请看教学片段：

师：在这场精彩的摔跤比赛中，主人公小嘎子有着怎样的特点呢？让我们再次走进片段吧。

师：请同学们默读课文，边读边画出能够体现小嘎子个性特点的语句，细细品味，感受一下文中的小嘎子是一个怎样的孩子。

（出示："小嘎子在家里跟人摔跤，一向仗着手疾眼快，从不单凭力气，自然不跟他一叉一搂。"）

师：小嘎子在做选择时选择了对自己有利的方式，从这可以看出他有什么特点？

生：看出他富于心计的特点。

（板书：“富于心计”）

（出示：“小嘎子精神抖擞，欺负对手傻大黑粗，动转不灵，围着他猴儿似的蹦来蹦去，总想使巧招，下冷绊子，仿佛很占了上风。”）

师：从小嘎子摔跤的动作中能感受到小嘎子怎样的性格特点呢？

生1：从小嘎子“精神抖擞”“猴儿似的蹦来蹦去”可以看出他机灵敏捷的特点。

生2：小嘎子在围着小胖墩儿蹦来蹦去的过程中心里一定想着该怎样取胜，从中可以看出小嘎子争强好胜的特点。

师：如果把“猴儿似的”去掉，你们觉得好不好？为什么？

生：如果去掉就没有原句形象、生动。

师：文中还有几处运用比喻的修辞方法的句子，你们能找出来吗？

（出示：“两人把‘枪’和‘鞭’放在门墩儿上，各自虎势儿一站，公鸡鸽架似的对起阵来。”）

师：作者为什么要用“虎势儿一站”“公鸡鸽架似的”这样的表述来描写？

生：这样的描写可以让我们很容易想象两人对阵时的站姿。

师：运用熟悉的事物打比方，不仅写出了动作，还显得活灵活现、生动具体。

（出示：“这一来，小嘎子可上了当：小胖墩儿膀大腰粗，一身牛劲儿，任你怎样推拉拽顶，硬是扳他不动。小嘎子已有些沉不住气，刚想用脚腕子去钩他的腿，不料反给他把脚别住了。”）

生：通过这段话我们可以看出小嘎子身处劣势，仍不忘想办法，这说明他争强好胜。

师：我们做动作来理解“推拉拽顶”。大家看，虽然我们并不在现场，但是，作者用这四个动词让我们清晰地想象到了当时的场面。如果我们把“推拉拽顶”这几个动词去掉，换成“任你怎样使劲挣扎”，你们看行吗？

生：不行，这样就不准确了。

师：对了，这就是准确、恰当地使用动词的妙处。同时，在这段描写中，除了动作描写外还有什么描写呢？

生：还有心理描写。

师：作者不但运用了生动的动作描写，还夹杂了恰当的心理描写，使得我们能够更深刻地体会人物的性格特点。这也是我们在习作中应该学习的方法。

在教学中，教师不断引导学生品味句子中的动作描写，从描写中推断人物的性格特征。文中对小嘎子摔跤时的动作描写极为细致，其中还夹杂着对小嘎子心理活动的描写，更丰富了人物性格。同样，教师在教授《他像一棵挺脱的树》和《两茎灯草》时，要将教学重难点放在人物描写的方法上，让学生关注祥子的肖像描写和严监生的动作、神态描写等，从情感上感知人物形象。教师恰当的引导会让学生从写作的角度分析已有的人物形象。《人物描写一组》中的三篇短文采用的都是直接的人物描写，《刷子李》采用的则是与之相对的经典的人物间接描写。在教授《刷子李》时，教师可反复追问从哪些地方可以看出刷子李刷墙技艺高超，从而让学生了解侧面描写的精妙之处。

（二）交流平台，明析写人要领

学习了两篇精读课文后，学生对于人物描写的基本方法都有了初步的印象。可以说这一板块是习作知识、方法、经验的交流、概括、总结环节。教师可以在与学生复习旧知时，鼓励学生将阅读与思考相结合，借助图式更加清晰、明确地理解人物描写的基本方法，为下面的写作奠定基础。

“交流平台”中明确概括了三个描写人物的基本方法：一是选用典型事例；二是用多种方法表现人物特点；三是运用侧面描写。结合前两课的教学重难点及习作要点，可运用图式进行梳理、总结，如图 10-8 所示。

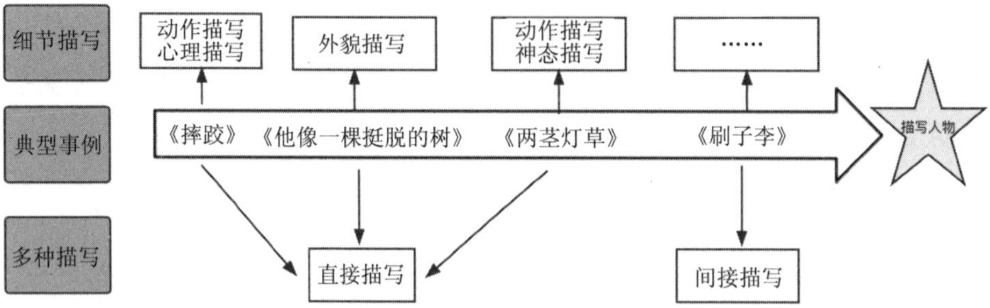

图 10-8　描写人物基本方法图式

两篇精读课文从不同的方面展示了人物描写的基本方法。借助图式梳理后，学生能够更加清晰地认识到描写人物的基本方法有哪些，并且对运用这些方法所呈现的表现人物形象的效果有初步的感知。

（三）初试身手，感悟写人技巧

初步掌握描写人物的基本方法后，学生会跃跃欲试，想描写身边的人，教师则需要趁热打铁，让学生巩固知识。教材编排者深谙此道，在“初试身手"的表达运用学习板块让学生学以致用。这一板块是学生对于所学写作方法的首次实践。教师可以充分把握这个机会，针对学生的小练笔展开有针对性的诊断与评价，了解学生对本单元习作方法要素的掌握程度，而后进行有效的强化。

本单元的"初试身手"板块安排了两个写人的小练笔：一个是课间十分钟，观察一位同学，用学过的方法写一写他；另一个是用典型事例写出一位家人的特点。这样的两个练笔安排完全立足学生当下最适合的主题，让学生描写其熟悉的人，明确写人的角度，让学生有话可写。这个板块的练习是学生对单元习作要素的初步运用。一般而言，大部分学生都能够按照要求完成小练笔，最终作品也初具雏形。教师只需在课堂上让学生相互点评、修改，即可达到理想的教学效果。

（四）习作例文，巩固写人策略

本单元的两篇习作例文《我的朋友容容》和《小守门员和他的观众们》将描写人物的习作要素充分展现出来。不同于前面的精读课文，这两篇例文重在让学生进一步理解写人的方法，并且能够起到一定的示范作用，让学生模仿借鉴。例文的旁批能指导学生关注文中的人物描写方法，让学生更好地认识到在整篇文章的写作中，人物描写方法的灵活运用会使得文章更加生动，人物形象更为突出。这样的习作方法运用可以迁移到后面的习作板块中。

（五）单元习作，写作实践创作

习作板块是习作单元的最后一个板块，也是对单元习作要素运用的最终环节。有了前面小练笔的训练，这次习作实践在难度上会降低很多，学生写作自信心也增强了。习作主题是"形形色色的人"。教材中出示了一个案例"叔叔记忆力超群"。在教学中教师可以充分利用图式理论帮助学生梳理写作要领及方法。请看教学片段：

师：同学们，你们谁来说说从题目中你捕捉到了什么信息？

生：叔叔是男性，他的记忆力超群，记忆力非常好。

师：那你从图片人物中看到了什么？

生：叔叔小眼睛、四方脸，眉毛很浓，头发少而稀疏，耳朵大而下垂，皮肤白净。

生：他的衣服很得体、干净，叔叔很帅。

师：同学们观察得很详细，抓住了人物的外貌特点，这都是我们从图片上能看到的。

师：我们认识了一个很有特点的叔叔，可是为了说明叔叔记忆力超群，我们需要列举一些事例表现叔叔这一特点。

生：事例 1 和事例 4 最能体现叔叔记忆力超群的特点。

师：这位同学选择事例 1 和事例 4，那事例 2 和事例 3 呢？

生：事例 2 和事例 3 都不行，只说叔叔记得我的生日、记得我昨天说过的一句话，我爸爸妈妈也能记住。

师：谁还能说说为什么不能选事例 2 和事例 3？

生：如果把记住一句话变为记住“每一句话”，把记住我的生日改为记住所有人的生日，这样就能说明叔叔记忆力超群了。

师：这位同学不仅发现了事例 2 和事例 3 不能证明叔叔记忆力超群的特点，还试着进行了修改，真棒啊！掌声送给他。（生鼓掌）

师：事例 1 和事例 4 都能体现叔叔记忆力超群的特点，这样的事例就叫作“典型事例”。在叙述这样的事例时，我们可以清楚有序地叙述，并且运用学过的描写人物的方法生动地表现人物的主要特点。同学们可以试着绘制自己写作的思维导图。

以上教学片段重点是引导学生辨别典型事例。选定了典型事例后就可以运用本单元所学的描写人物的基本方法写作。教师可以在黑板上绘制一张习作范例图式（图 10-9），让学生对本次习作的要求一目了然，鼓励学生模仿绘制习作图式。

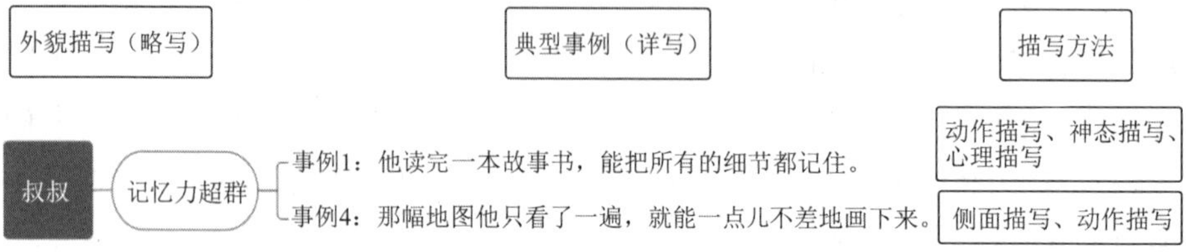

图 10-9 “叔叔记忆力超群”的习作图式

纵观这一单元的学习，每一个阶段的教学目标各有指向，但最终指向还是描写人物类习作的学习。从学习到交流到实践再到模仿创造，这样一个学习的过程循序渐进，让学生在一个单元的学习中真正习得一种写作的方法和技巧，一步一步地提升写作水平和写作素养。

参考文献

1. 徐鹏. 整本书阅读：内涵、价值与挑战［J］. 中学语文教学，2017（1）：4-7.

2. 管然荣，陈金华. 整本书阅读教学的“冷”思考［J］. 语文建设，2017（10）：65-69.

3. 王立. 整本书阅读的实施困境及课程模式选择［J］. 教学与管理，2018（25）：54-57.

4. 王冬华. DS附属实验学校小学高年段语文“整本书”阅读教学现状调查与分析［D］. 延吉：延边大学，2018：24-26.

5. 姜树华. 小学整本书阅读教学的现状与对策［J］. 小学语文教师，2020（4）：50-52.

6. 谢玉琴. 小学高学段整本书阅读教学研究［D］. 开封：河南大学，2019：27-28.

7. 关舒文，吕立杰. 整本书阅读：价值向度、现实困境与当代突围［J］. 中国教育学刊，2019（9）：75-80.

8. 李卫东. 整本书阅读教学的几种偏向［J］. 中学语文教学，2018（1）：7-10.

9. 李煜晖. 略谈整本书阅读课程方案的设计［J］. 中学语文教学，2017（2）：8-10.

10. 张小兵，倪峰. 走进操作层面的“整本书阅读”［J］. 语文教学通讯，2016（25）：12-15.

11. 李怀源. 小学读整本书教学实施方略［M］. 上海：华东师范大学出版社，2020.

12. 虞跃容. 小学语文整本书阅读教学有效性研究［J］. 课程与教学，2019（29）：73-74.

13. 吴欣歆. 语文课程视野下的整本书阅读［J］. 课程·教材·教法，2017，37（5）：22-26.

14. 倪岗. 中学整本书阅读课程实施策略［M］. 北京：商务印书馆，2018.

15. 张敏. 小学语文整本书阅读教学研究［D］. 济南：山东师范大学，2018：24-31.

16. 钱荃，周姮. 小学高年级整本书阅读教学策略研究综述［J］. 教学与管理，2017（33）：96-98.

17. 瞿卫华. 小学高年级整本书阅读课程开发策略初探［J］. 教学与管理，2014（5）：34-36.

18. 郑桂华. 整本书阅读：应为和可为［J］. 语文学习，2016（7）：4-8.

19. 裴杏平. 指导阅读整本书的策略探究［J］. 基础教育研究，2009（22）：30-32.

20. 吕莉欣. 小学阶段整本书阅读教学研究［D］. 上海：上海师范大学，2020：60-77.

21. 卢群. 小学高学段整本书阅读教学指导策略研究［D］. 大连：辽宁师范大学，2019：40-51.

22. 吉忠兰. 从整本书精读到群书阅读［M］. 桂林：广西师范大学出版社，2019.

23. 李卫东. 混合式学习：整本书阅读的策略选择［J］. 语文建设，2016（25）：12-15.

24. 尹华筝. 小学整本书阅读教学研究［D］. 上海：上海师范大学，2019：43-51.

25. 斯蒂芬·克拉生. 阅读的力量［M］. 李玉梅，译. 乌鲁木齐：新疆青少年出版社，2012.

26. 吉姆·崔利斯. 朗读手册［M］. 陈冰，译. 北京：新星出版社，2016.

27. 艾德勒，范多伦. 如何阅读一本书［M］. 郝明义，朱衣，译. 北京：商务印书馆，2004.

后 记

冬寒亦是春暖时

苏州冬天没有阳光的日子，总是显得更加清冷一些。阴沉沉的天空，总让人觉得不适。

此刻，或许更适合回忆。

2018 年 7 月我被调至越溪实验小学，新的征程便开始了。虞文娟、俞霞芳、蔡建新、许建华、金春华、李菊英等老师是之前就熟悉的老朋友，沈剑锋、徐春燕、陈浩、朱红娟、张晓婷、吴丹婷、朱春明、顾耀章、王志兴等老师则是我到任后结识的新伙伴。这是一个特别朴实、勤奋的团队，也是一个特别团结、温暖的大家庭。

2019 年上半年，我们在制订学校发展规划的时候发现了自己的“闭塞”“狭窄”“局促”。那一刻，我们渴求能突破瓶颈，拥有破茧的能力。在苏州市吴中开发区管委会和越溪街道的专项支持下，在江苏省教育学会、江苏省中小学教学研究室的帮助下，我们开启了“溪小学者”培育项目，为学校骨干教师的进阶发展提供支持。下半年，语文团队在钱家荣老师的帮助下，成功申报江苏省“十三五”规划课题“小学语文学习图式建构的实践研究”，并将“体验-建构”作为学校课程建设和教学实践探索的关键词。由此，团队有了具体的抓手，初步形成了“教-学-研-评”一体的教师专业发展升阶系统。

2020 至 2022 年，世界用诸多“不确定”让我们有了“确定的认识”，我们追求以确定的自己培育完整的人！我们努力在“大白”与教师身份的切换中以更好的教育服务保障每一个孩子学有优教；我们努力在线上线下的教育新样态中探索由体验走向建构的通途；我们努力在“双减”“双新”的教育新环境中体味教育的本义和“立德树人”的真义。在努力行走的过程中，团队成员彼此间的合作更加紧密，一起走在充满爱与理想的道路上，我们大言不惭地把自己唤作“文化摆渡人”。也是在这期间，我们将实践研究的成果进行梳理后申报，参与江苏省和教育部基础教育教学成果奖的评比。

2022 年年底，欣闻此前申报的课题顺利结题后又获评江苏省第六批精品课题，课题组成员兴奋之余，也特别想把这几年想做的、正在做的以及已经做成的记录下来。于是，再次“一起做”。我们邀请全体语文教师一起，在杨九俊院长的引领下贯通学理、对接新课程标准；在李亮老师、许红琴老师的辅导下对语文教学及语文学习图式进行深度思考；在李和明老师的指导下尝试编写体例……

2023 年 2 月 3 日上午，我在越溪实验小学召开了新学期的第一个行政会议，下午，前往木渎实验小学报到。

整整一年的时间，《学习图式：走向建构的小学语文教与学》即将付印。

时间总是不快也不慢，相聚总是不长也不短。四季交替总有遭遇寒冷的时候，人生交游总有遭遇激流的时分。感恩所有给予我关心和帮助的人们，感恩在越溪实验小学度过的每一天、遇到的每个人。

此刻，舒怀温暖。

一段流水账，是为后记。

夏静

2023 年 12 月于越来溪畔